ENTRE DEUX GLOBES

ENTRE
DEUX GLOBES

PAR

Antoinette BOURDIN

L'esprit souffle où il veut...

GENÈVE
IMPRIMERIE J. BENOIT & Cⁱᵉ, RUE DE RIVE, 5

—

1874

OUVRAGES DU MÊME AUTEUR

La Médiumnité au verre d'eau.
Les Deux sœurs.

DÉDICACE

AUX

SPIRITES

DE

ROUEN ET DE PARIS

Chers frères et amis,

Permettez-moi de vous dédier cet ouvrage dicté par mon guide spirituel que vous connaissez déjà tous, et auquel vous avez accordé votre sympathie. Je suis heureuse de pouvoir par son intermédiaire resserrer les liens fraternels qui nous unissent depuis longtemps, et qui me sont devenus doublement chers, depuis que j'ai eu le bonheur de vous connaître. C'est un bien faible hommage de ma gratitude pour le bon accueil que j'ai reçu parmi vous, mais d'aussi doux souvenirs sont immortels, et si ma plume est trop faible pour exprimer ma pensée, mon cœur est fidèle pour garder la reconnaissance, il ne se rendra jamais indigne du souvenir que vous voulez bien conserver de moi, et de l'amitié que vous me témoignez toujours si généreusement.

ENTRE DEUX GLOBES

tel est le titre de l'ouvrage que je vous dédie ; les dictées qu'il renferme rappelleront, à plusieurs d'entre vous, les séances où les esprits m'endormaient afin de dépeindre bien imparfaitement, il est vrai, les beautés de notre patrie future.

C'est une histoire spirite dont le héros à moitié désincarné, à moitié spiritualisé, participe aux impressions ressenties dans deux sphères. Il est parfaitement qualifié pour se souvenir de notre état, de nos angoisses et de nos tribulations en sorte qu'il peut y compatir. Il nous entraîne à sa suite dans ses pérégrinations à travers des mondes supérieurs où il semble s'égarer parce qu'il n'a pour guide que l'enthousiasme de son esprit qui veut tout embrasser à la fois ; ensuite, de ces hauteurs où il ne peut demeurer, il retombe lourdement sur la terre où il est attiré par les liens qui l'unissent à son corps. Puis, dans de nouvelles extases, un esprit qui est son guide, le conduit dans l'erraticité pour y chercher dans des lieux arides les tableaux persistants, comme une piste du passé, de toutes ses incarnations antérieures. Il souffre momentanément les tortures morales que ses fautes lui ont occasionnées, il nous dépeint ses douleurs, il nous parle de ses espérances, il apprécie le temps que nous mettons pour atteindre le but, c'est-à-dire le bonheur de la vie pleinement spirituelle à laquelle nous aspirons tous, il nous montre la bonté de Dieu, toujours active, malgré cette attente qui laisse passer des siècles sur l'ingratitude et l'indifférence de ses créatures, mais pour les introduire enfin à bout de fatigues dans le séjour bienheureux où règne l'amour paternel ;

c'est bien là le sublime rendez-vous où nous espérons nous rencontrer tous après nos épreuves et nos expiations.

Antoinette BOURDIN.

ENTRE
DEUX GLOBES

CHAPITRE PREMIER

Ludovic Marcel

C'était le 24 décembre 18.., la terre était couverte de neige et les arbres qui bordaient la route où je conduis mes lecteurs semblaient être cristallisés, tant les nombreux fils de givre, qui pendaient à leurs branches, les entouraient de toute part ; un brouillard intense confondait la terre avec l'espace ; seuls les corbeaux affamés traversaient l'air et venaient s'abattre, avec des croassements de désespoir, sur l'épaisse couche blanche où ils ne trouvaient aucune nourriture ; le froid était très-vif ; quelques rares maisons couvertes en chaume se laissaient deviner sur le passage par la fumée qui sortait de leurs larges cheminées. Il n'y avait point d'horizon qui pût guider sur ce chemin désert un pauvre voyageur mal vêtu, tenant à la main une petite fille de quatre à cinq ans qui pleurait de froid et dont les mains violacées semblaient meurtries par la rigueur de la saison. Cet homme était son père et de temps à autre il la prenait dans ses bras et secouait l'intérieur de ses sabots remplis de neige durcie ; mais après quelques moments il était obligé de la remettre à terre, car ses pieds s'engourdissaient par l'inaction.

— Papa, disait-elle à tout instant, sommes-nous bientôt arrivés ? Qu'il me tarde d'être chez la bonne grand'mère où tu dis que je trouverai maman ! J'ai froid, j'ai faim, porte-moi encore, je ne puis plus marcher.

Et le père reprenait dans ses bras son cher petit trésor, qu'il tâchait de réchauffer avec des baisers, et quelques larmes tombaient sur la chevelure blonde de la pauvre petite.

Cet homme avait trente ans environ, il était brun, sa figure énergique semblait momentanément domptée par une vive épreuve. Il avait la mise d'un ouvrier, mais d'un ouvrier sortant de l'atelier, les mains noircies par le travail et la blouse un peu graisseuse du mécanicien, il paraissait s'être mis en route précipitamment, sans avoir pris le temps de changer de vêtements. La petite Léonie sortait certainement de l'école, elle avait encore dans sa poche un livre aux grosses lettres où les enfants apprennent à épeler, ce livre avait pour voisinage, toujours dans la même poche, un tricot sur deux aiguilles cassées que la pauvre enfant semblait avoir torturées pour produire quelques mailles irrégulières, le tout mêlé à de nombreuses mies de pain ; sa tête était recouverte d'une petite cape de laine bleue, une robe courte la garantissait très-mal du froid ; des bas de laine et des sabots, c'était là tout l'équipement de la pauvrette.

Une cloche se fit entendre dans le lointain et involontairement Ludovic Marcel tressaillit.

— Entends-tu, Léonie, cette sonnerie lente et mesurée ?

— C'est l'Angelus, bon papa.

Et la petite porta péniblement la main droite à son front pour faire la prière. « L'Ange du Seigneur... » commença-t-elle.

— Oui, l'Ange du Seigneur, reprit avec vivacité le père, vient m'annoncer que ma pauvre Marie n'est plus !

— Ce n'est pas comme cela, papa, tu ne sais pas ton Angelus... « L'Ange du Seigneur annonça à Marie qu'elle enfanterait... » Mais le froid saisit ses petites lèvres qui essayaient de dire l'Ave Maria.

La cloche sonnait toujours; Ludovic semblait affolé par ce son lugubre, ses yeux étaient fixes et il paraissait ne plus s'apercevoir de l'inclémente température qui l'accablait il n'y a qu'un instant; il marchait à grands pas, et Léonie s'était endormie sur ses bras en murmurant sa douce prière.

CHAPITRE II

Ludovic chez sa mère

Dans une maison isolée, de chétive apparence, se trouvaient réunies beaucoup de personnes dans une vaste chambre du rez-de-chaussée; chacun entourait une femme qui pleurait amèrement et qui eût certainement préféré être seule, car les paroles de condoléance qu'on lui adressait ne faisaient que ranimer sa douleur.

Il y a là une bien triste histoire à raconter, mais nous la ferons connaître plus tard.

Bornons-nous à dire pour le moment que cette bonne dame, mère de Ludovic, Mme Marcel, pleurait la mort de sa belle-fille, Marie, femme douce comme un ange, et qui avait supporté, quoique bien jeune encore, de grandes épreuves. Marie était venue faire les couches de son deuxième enfant chez Mme Marcel; sa santé était depuis longtemps ébranlée, et l'on voyait approcher, non sans avoir des craintes bien vives, le terme de sa grossesse.

Ludovic, son mari, travaillait dans une usine à trois lieues de la résidence de sa mère, et une voisine complaisante prenait soin de Léonie pendant l'absence de Marie.

C'était la veille de Noël, Ludovic travaillait depuis quelques heures seulement lorsqu'un homme de la campagne vint le demander à son atelier; ce paysan paraissait très-embarrassé pour rendre compte de son message.

— Je viens de la part de votre mère, dit-il, vous dire que votre femme est bien malade et que l'enfant qu'elle a mis au monde est mort en naissant; le médecin et la sage-femme ne l'ont pas quittée depuis deux jours; les chemins étaient très-mauvais, j'ai dû faire un grand détour; hier au soir, je suis arrivé un peu avant dans la nuit, j'ai pensé que vous ne vous mettriez pas en route aussi tard et que ce serait toujours bien assez tôt de vous prévenir ce matin.

Ludovic devint pâle et chancela en entendant

le récit de cet homme, sa langue se paralysa, et c'est après un effort inouï qu'il lui adressa avec une voix saccadée quelques questions.

— A quelle heure vous a-t-on chargé de la commission ?

— C'était, répond le paysan, neuf heures du matin, et je n'ai pu partir qu'à quatre heures de l'après-midi.

— Est-ce ma mère elle-même qui vous a parlé ?

Oh ! oui, la bonne femme avait les yeux bien rouges, elle me recommanda de vous dire de partir au plus vite ; mais comme je vous l'ai dit, j'ai éprouvé quelques heures de retard avant de me mettre en route.

— Quel malheur ! dit Ludovic, peut-être que ma pauvre Marie est morte et que je ne la verrai plus !...

Et, sans rentrer chez lui, il prit sa petite Léonie qui était à l'école et se mit en route sans songer aux mauvais chemins et au froid extrême qu'il allait supporter avec son enfant.

C'est pour cela que nous voyons ce pauvre père, que le son de la sinistre cloche avait si vivement impressionné, emporter d'un air hagard sa petite fille endormie. De loin il cherchait à pénétrer le brouillard, comme pour saisir quelque indice qui pût lui dire d'avance s'il avait à craindre ou à espérer ; mais l'épaisse vapeur, toujours plus sombre, enveloppait la nature d'un profond mystère.

Il arriva enfin, son cœur battait avec violence et il n'osait ouvrir la porte qui semblait le séparer d'un abîme ; il entra timidement et comprit de suite que tout était fini. Sa mère se leva et le reçut dans ses bras, en même temps qu'une femme avait pris Léonie qui dormait toujours. Cette douleur immense du fils et de la mère ne trouvait point de paroles, des sanglots étouffés sortaient avec peine de leur poitrine oppressée ; les femmes qui se trouvaient là les laissèrent seuls et se retirèrent au fond de la chambre pour s'occuper de Léonie ; la pauvre enfant respirait avec peine et par intervalles très-éloignés, sa figure était blanche et bouffie, un cercle noir entourait ses yeux, tous les efforts que l'on faisait pour la réveiller étaient sans résultat ; on s'empressa de chauffer des linges, le froid l'avait saisie, et on redoutait un second malheur. Après quelques instants Mme Marcel s'aperçut du groupe serré qui se formait autour du petit lit d'osier qui avait été préparé pour le nouveau-né, elle s'approcha à son tour et vit le danger où se trouvait Léonie, elle ouvrit une armoire, prit à la hâte un flacon qui contenait une liqueur brune, entr'ouvrit avec peine la bouche de sa chère enfant, lui desserra les dents et fit tomber quelques gouttes de ce liquide, qui opéra aussitôt un effet merveilleux. Léonie ouvrit les yeux et son visage devint subitement très-rouge, elle se mit à pleurer en disant qu'on lui brûlait les jambes ; on s'empressa de la déchausser, la pauvre enfant avait les pieds gelés. Ses cris vinrent distraire la douleur de son pauvre père, il s'approcha d'elle et, malgré ses souffrances, Léonie lui tendit ses petits bras pour l'embrasser.

— Oh ! ne pleure pas, papa, lui dit-elle, je guérirai bien vite, dis à maman qu'elle vienne près de moi. Pourquoi n'est-elle pas là pour me soigner avec la bonne grand'mère ?

Tous les assistants furent saisis d'une vive émotion et étouffaient des larmes, dont Léonie ne pouvait comprendre le motif.

CHAPITRE III

Les angoisses d'une mère

Cette demande naïve de l'enfant éveilla de nouveau la douleur de Ludovic, un malaise général semblait l'envahir, une pâleur mortelle défigura ses traits et il tomba évanoui dans les bras de sa mère. On abandonna un instant la petite fille, et le groupe se forma autour de son père; les soins les plus vigilants lui furent prodigués, mais en vain, toutes les tentatives paraissaient ne devoir le rappeler à la vie. Léonie était indifférente à tout ce qui se passait, elle avait les yeux démesurément ouverts, le regard fixe et la figure animée par la fièvre, toute occupée à causer avec sa mère qu'elle croyait à ses côtés. Les bonnes femmes écoutaient par moment les paroles confuses qui sortaient de sa bouche et disaient d'un air de pitié : Ah! la pauvre petite, comme elle a le délire. — Mais aussitôt on revenait auprès de Marcel, et chacune donnait son avis.

— Chut! faisaient les plus prudentes qui voyaient la pauvre mère abimée de douleur mais toujours courageuse, ne se fatiguant pas et employant tour à tour d'énergiques frictions ou de chaudes insufflations dans cette bouche entr'ouverte d'où la vie semblait s'être échappée.

— Enfin, s'écria-t-elle avec transport, après tant d'heures d'angoisses, j'ai vaincu la mort, un souffle léger vient d'effleurer mon visage; merci, ô merci, mon Dieu ! Et la foi grandissait dans son âme devant ce léger signe de vie.

Elle appela ce fils chéri avec volonté. Peu à peu son visage reprit de l'animation, ses lèvres devinrent roses, ses membres souples ; le cœur battit sous la main tremblante de sa mère. Mais, ô douleur sans égale ! lorsque Mme Marcel épiait, anxieuse, l'heureux moment où la parole reviendrait sur cette bouche chérie, un éclat de rire étrange répondit à son attente, et il fut répété par une voix enfantine au fond de la chambre comme celle d'un écho impitoyable qui apporte avec la même fidélité les chants joyeux où les clameurs de la discorde.

— La mort ! la mort ! plutôt que la folie, s'écria la pauvre mère au désespoir. Oh ! mon Dieu, l'espérance la plus juste, la plus sainte, n'est donc pas exempte de l'ironique déception !... Pourquoi réveiller mon fils de ce sommeil où il goûtait le bonheur, et le rendre à cette vie où il a déjà tant souffert ? Lui qui est si bon, si dévoué, lui qui a caché son rang, et qui, sans hésiter, a sacrifié sa fortune pour une cause de réparation... Ah ! ce secret vient d'échapper de ma bouche ! Dieu de justice, est-ce que le délire s'empare aussi de mon être ?

Mais jetant un coup d'œil rapide dans la chambre, elle s'aperçut qu'elle était seule, les personnes s'étaient retirées pour chercher des secours et un médecin, effrayées de la scène étrange qui venait de se passer.

Heureuse de cette solitude, la pauvre mère prit entre ses mains la tête de son fils et la pressa fortement contre sa poitrine ; les yeux de l'infortuné étaient toujours fermés et les sourires se succédaient sur ses lèvres en fièvre comme les éclairs au milieu d'une sombre tempête.

— Mon fils, ô mon fils ! dit-elle, nous sommes seuls, parle-moi ; les chagrins ont vaincu ton âme énergique, mais apprends à regarder la mort comme le dernier des vainqueurs. Nous pouvons surmonter, avec la volonté et l'indépendance de la conscience en paix, toutes les difficultés, toutes les épreuves, parce que nous savons que Dieu est juste et que le mal ne peut suivre l'âme sanctifiée au-delà de la tombe. Viens, Ludovic, viens avec moi près de ton enfant qui souffre ; reprends la raison, viens !

Et le soutenant fortement par les bras, elle le conduisit péniblement près du berceau de Léonie qui était toujours dans le même état d'exaltation fiévreuse.

Elle approcha un vieux fauteuil, son fils s'y assit machinalement et ouvrant les yeux il regardait tour à tour d'un air étonné sa mère et sa fille, il semblait étranger à tout ; puis son visage quitta cette expression égarée pour prendre celle du calme. Sa mère, heureuse de ce changement, prit ses mains dans les siennes et le supplia de nouveau de parler. « Ah ! Ludovic, vois ta fille, dis-moi ce qu'il faut faire pour la soulager ; vois comme sa respiration est précipitée. Mon Dieu ! si cette chère petite allait suivre sa mère, combien notre existence serait triste ! »

Ludovic, fermant de nouveau les yeux, posa la main sur la tête de son enfant et la dirigeant ensuite doucement jusqu'aux pieds, parvint, après avoir répété pendant un quart d'heure cette opération, à calmer l'agitation de sa fille. Mme Marcel, surprise de ce qu'elle venait de voir, ne savait si elle devait se réjouir ou s'effrayer de cette action étrange. Sur ces entrefaites deux femmes entr'ouvrirent doucement la porte et, n'osant pas approcher, dirent à demi-voix : Nous n'avons pu trouver personne pour aller chercher un médecin à la ville, la neige est si épaisse qu'il est impossible de distinguer la route ; mais si vous avez besoin de nos services, nous viendrons vous seconder de notre mieux.

— Grand merci, mes bonnes voisines, dit Mme Marcel en s'approchant d'elles, mon fils est plus calme maintenant, et Léonie repose doucement, j'espère que la nuit sera bonne ; toutefois si j'ai besoin de secours, je me rappellerai vos offres bienveillantes.

Les deux femmes se retirèrent plus tranquilles sur le compte de cette bonne dame, comme elles l'appelaient, qui était bien en effet leur providence dans ces campagnes désolées des Landes, où l'on peut parcourir si longtemps des routes qui se croisent dans tous les sens sans rencontrer un village ou une agglomeration de quelques maisons.

CHAPITRE IV

Mme Marcel dans les Landes

L'endroit le plus voisin de la maison où nous avons conduit nos lecteurs est un hameau tout près d'une grande forêt ; les quelques personnes qui le composent sont des bûcherons et des charbonniers qui, tout en faisant leur travail, s'occupent de tendre des piéges pour les bêtes fauves qui désolent souvent la contrée ; les habitants sont donc la plupart, de ces modestes ouvriers qui vivent paisiblement du fruit de leurs peines ; les enfants sont élevés pour ainsi dire au milieu des bois où les pauvres mères les transportent pour prendre part aux travaux de leurs maris. Ces gens étaient donc tous sans instruction lorsque Mme Marcel vint habiter le hameau il y a quelques années. Les circonstances qui la décidèrent dans le choix de ce pays étaient toujours restées inconnues à son entourage ; elle avait de petites rentes qui lui permettaient de vivre aisément, parce que ses goûts étaient simples ; elle faisait tout le bien qu'elle pouvait, moralement surtout, en donnant des consolations et des bons conseils ; elle se plaisait aussi à instruire les enfants qu'elle réunissait pendant les soirées d'hiver, et beaucoup d'adultes, désireux d'apprendre, profitaient des leçons. Comme il était aussi difficile d'aller à l'église qu'à l'école, Mme Marcel leur faisait le dimanche quelques lectures instructives et religieuses et leur expliquait l'Evangile avec une netteté et une logique irréprochables. On n'eut jamais à se plaindre de cet état de choses dans ces localités ; il y avait un peu moins de fanatisme que dans d'autres villages.

Bien moins dangereuse est l'ignorance complète que ce semblant d'instruction qui remplit la tête des enfants de choses fort peu véridiques, lesquelles faussent le jugement et laissent envahir l'intelligence par la crainte servile et les préjugés.

Le pasteur qui desservait le hameau avait pleine confiance dans la sagesse et le dévouement de Mme Marcel pour l'instruction religieuse des enfants ; il s'en rapportait à cet égard entièrement à elle à cause de la grande distance qui séparait le presbytère de ce centre de population, distance rendue plus difficile encore par le mauvais état des chemins à parcourir et la forêt qu'il fallait traverser. Ce n'était donc que très-rarement qu'il visitait ses paroissiens éloignés lorsque son ministère l'appelait d'une manière obligatoire. Mme Marcel enseignait selon l'Evangile l'amour de Dieu et du prochain, parlait des devoirs que l'on devait à la société, à la famille, et voilà tout ce qu'elle pouvait faire pour éclairer les habitants de ce pays perdu dans les sables.

Ludovic venait quelquefois visiter sa mère avec sa jeune compagne, mais leur séjour était de peu de durée, ils passaient au hameau la journée du dimanche et partaient le lundi à l'aube du jour ; Ludovic faisait quelques excursions dans la forêt et revenait sous le toit maternel chargé de plantes, qu'il rangeait mathématiquement sur des étagères dans une petite chambre attenante à celle de sa mère, il en distillait un certain nombre, et chaque petit flacon renfermant une précieuse liqueur était confié à Mᵐᵉ Marcel pour les différentes maladies qu'elle pouvait avoir à soigner.

Ludovic avait un visage distingué. Le travail auquel il se livrait ne semblait pas lui être très-familier : ayant éprouvé de grands malheurs et étant obligé de vivre avec sa famille, il trouvait son pain de chaque jour en exerçant le métier de mécanicien ; sa femme toujours souffrante absorbait une grande partie de l'argent qu'il gagnait et qui aurait suffi pour donner un peu plus d'aisance au ménage ; mais l'amitié réciproque qui les unissait leur aidait à supporter courageusement leurs malheurs. Le mari voyait avec effroi approcher le moment qui devait le rendre père une deuxième fois ; au dire des médecins, cette couche devait produire un changement heureux sur la santé de Marie, ou peut-être une aggravation qui laisserait peu d'espoir ; l'hiver était bien rigoureux cette année, et Ludovic, craignant que les soucis journaliers fussent un obstacle à la guérison de sa femme, s'était décidé à l'envoyer chez sa mère qui la soignerait comme sa propre fille.

Et maintenant, mes lecteurs, vous savez comment cette chère Marie termina son existence, au milieu de cruelles souffrances, et le regret qu'elle éprouva de ne pouvoir embrasser une dernière fois son mari et son enfant.

CHAPITRE V

Une vie factice. — Description du monde des esprits

Revenons, si vous le voulez bien, auprès de cette intéressante famille que nous avons laissée si vivement affligée. La scène est moins triste, Léonie dort toujours d'un sommeil réparateur, et Mme Marcel fait une douce causerie avec son fils ; elle lui tient les mains et le questionne ainsi :

— Pourquoi, ô mon Ludovic, cet état étrange dont je ne puis me rendre compte et qui remplit mon âme d'une joie surnaturelle ? Tu me dis des choses sublimes que les anges seuls peuvent inspirer pendant que tes yeux restent clos. Vois-tu un autre monde qui te ravit ou une autre mère, qui t'aime mieux que moi ?

— Mère, répond Ludovic d'une voix douce et affaiblie, tu es deux fois l'auteur de mes jours : tu m'as donné cette vie matérielle pour accomplir les épreuves que je viens de traverser ; le chagrin et la douleur avaient rompu, il y a un instant, le fil de mon existence, mais ta sollicitude et ton amour m'ont rendu une seconde vie factice, tu as rapproché mon esprit de mon corps sans parvenir à le replacer dans cet organisme qui lui a servi pendant trente ans ; c'est pour cela que mes yeux sont fermés et que mon corps n'exprime que des mouvements saccadés ; je ne conserve qu'une seule faculté bien précieuse, ô ma mère, pour correspondre avec toi, je puis *parler!* Mais quelle suprême jouissance mon esprit éprouve depuis son dégagement, tout en restant auprès de ce corps, auquel il est encore attaché par un lien magnétique, que tu as formé par cet influx puissant qui ferait de si grandes choses s'il animait tous les hommes, je veux dire la foi, la volonté et l'amour ! Oui, ce qui était mort, tu l'as ranimé avec ces trois forces réunies ; c'est bien là en effet ce qui constitue la vie, c'est avec ce secret ineffable que Dieu appelle à l'existence tous les êtres ; je suis ivre de bonheur, et si ma bouche peut me servir d'interprète, je te parlerai souvent et longuement des beautés qui m'environnent, des harmonies qui me ravissent et de l'immortalité dont je me sens pénétré. Ce corps que tu soutiens dans tes bras tremblants et que tu chéris comme le sanctuaire qui a abrité l'esprit de ton fils, ce corps sera le porte-voix de deux planètes bien opposées, qui, bien que semblant à des distances infinies, ne le sont point en réalité : Oui, je te prouverai, ma mère, que ces deux mondes se touchent et que la chair seule nous en sépare.

Vous dites : quel effort effrayant, quel voyage redoutable accomplit l'âme lorsqu'elle se dégage de ce pauvre corps ! Non, ne croyez pas, mortels, ne croyez pas à tant de douleurs : la maladie, par elle-même, est plus terrible que la mort, et ce que vous appelez l'agonie n'est autre chose que l'enfantement à la vie immortelle.

— Mais, ô mon fils, tu parles d'une vie factice que je viens de te donner, tu n'es donc plus vivant ? c'est donc une illusion, un songe qui aura son pénible réveil ? cette main que je presse n'est donc plus la tienne, cette voix si faible va donc s'éteindre comme une lampe abandonnée, ce corps va donc mourir encore une fois dans mes bras? Oh! s'il en est ainsi, que Dieu me donne le courage de vivre pour ton enfant; mais je sens ma vie entraînée dans un courant rapide où l'amour maternel va sombrer au milieu de cette tempête, je veux mourir avec lui; la fatigue de tant d'années de souffrances m'accable d'un poids immense que je ne peux plus supporter.

— Oh! ma mère, oh! mère chérie, ne parle pas ainsi; tu me disais pendant mes heures d'abattement que la mort devait être le dernier des vainqueurs. Eh bien, attends-la cette mort avec une héroïque fermeté ; le découragement est un poison qui ronge sourdement la vie ; depuis longtemps j'en sentais les effets, je remarquais les ravages qu'il opérait en moi, mais je ne faisais rien pour guérir cette plaie de mon âme, je la rendais plus profonde à mesure que la maladie augmentait son action sur Marie, je caressais la pensée de ne pas lui survivre en comptant sur ton amour pour nos chers petits enfants; le découragement a usé le lien de mon existence et c'est là un suicide pour qui possède l'intelligence de l'immortalité. Je savais que je glissais dans mes veines le germe d'une mort prématurée, mais, cédant au sentiment de cet amour extrême dont Marie a toujours su me pénétrer par sa douceur et sa mélancolique beauté, je n'ai pas voulu regarder plus loin dans ma vie, elle la possédait tout entière, avec elle tout devait finir..... Tout venait de finir en effet lorsque ta voix m'a rappelé à la vie, lorsque ton souffle généreux a réchauffé ce corps lâchement délaissé comme par un déserteur devant l'ennemi. Tu ne sais pas, ô ma mère, que tu m'as sauvé d'un enfer bien cruel ! Déjà l'ange qui juge avait posé sa main puissante sur ma tête ; me sentant libre je cherchais de toute part Marie, je la demandais à tous les échos du Ciel..... j'étais dans un monde si beau, je m'enivrais d'amour en songeant que le malheur ne pouvait nous atteindre, je la cherchais toujours plus loin, toujours plus haut, mon esprit dévorait l'espace, les mondes s'approchaient et disparaissaient à mes yeux ravis.

Oh ! liberté de l'âme ! comme tu es belle après une aussi dure captivité ! Je ne voyais plus la terre que comme un point obscur, je tâchais de m'en éloigner davantage ; mais, l'esprit égaré dans l'infini, je ne rencontrais pas un immortel, pas un ange qui pût me guider et me dire où Marie habitait. Oh ! ma mère, l'isolement est venu me visiter avec son cortége étrange qui glace l'esprit d'effroi et fait douter de Dieu et de l'amour ; toutes les beautés qui m'environnaient semblaient prendre une teinte sombre ; la lumière qui resplendissait d'abord, pâlissait insensiblement ; l'éther qui m'emportait avec tant de rapidité ne pouvait plus me soutenir ; mon esprit devenait plus pesant et le vertige s'emparait de mon âme ; je sentais que je m'abaissais et par moment des secousses effroyables me faisaient craindre une chute profonde. Alors de nouveau le découragement m'envahit et sépara nettement les fluides qui, dans mon enthousiasme, avaient formé une force d'action condensée avec les fluides éthérés, je tombai, je tombai avec une vitesse vertigineuse, c'était le jugement et l'enfer !.... Le jugement et l'enfer, tout était là, dans mon âme, et ma conscience criait comme l'ange de la justice : Découragement ! découragement !.... Tu as succombé de faiblesse et même dans le ciel tu n'as pu te soutenir ; retourne donc vers ta mère qui t'appelle, reste auprès de ton corps pour finir une existence interrompue avant le temps ; ta mère, par son amour, t'a sauvé de la chute ; le doute avait ouvert ses abîmes pour recevoir ton esprit qui tournoyait à sa surface comme un aigle blessé. Et maintenant, ô ma mère, me voici de nouveau près de toi, près de mon enfant, je respire parce que le danger a disparu, je vois tout le chemin que j'ai parcouru dans mon vol insensé, je sens naître en moi la confiance et mon esprit est plein de joie et d'espérance. Non, ces plaines de l'infini ne sont pas désertes, elles sont peuplées d'êtres immortels qui se rendent invisibles à mes yeux parce que je suis coupable ; mais je sens qu'ils m'entourent, me pénètrent de leur divine influence, et mon intelligence perçoit, embrasse l'ensemble d'un bonheur qui ravit. Tu souffres, ô ma mère, de cette épreuve plus que moi-même ; voilà un bel exemple de la solidarité des âmes ; je ne connais pas le terme de cette nouvelle vie, mais sois héroïque jusqu'à la fin, car si le découragement s'emparait aussi de toi, la parole me serait retirée; il y a de ta vie dans mon corps, soutiens-le par une énergique persévérance. Je te parlerai souvent des sentiments qui m'animent et des merveilles de ces mondes inconnus que mon esprit n'a fait qu'entrevoir, et puis, après ces doux entretiens, mon corps reposera comme celui de cet enfant qui sommeille, tu lui donneras chaque jour une faible dose de cet élixir fortifiant qui a ranimé si promptement ma fille, cela suffira avec ta volonté qui a les propriétés d'un fluide nourrissant ; sois sans crainte, tu seras soutenue.

— O Ludovic, ô mon fils bien aimé ! quelle étrange révélation, quel horizon inconnu tu dévoiles à mes yeux ! comme toi je sens mon âme ravie. Oh ! parle, parle toujours ; je soutiendrai ce corps, j'animerai ces lèvres qui prononcent des paroles immortelles. Je comprends maintenant le secret de la vie, jamais le murmure ne sortira de ma bouche, jamais le désespoir n'envahira mon cœur. Q'est-ce que la vie et ses épreuves auprès du bonheur qui attend les élus de Dieu ! Mais ce qui m'est le plus pénible dans l'existence nouvelle que tu viens de me créer, c'est cette obligation de suspendre par moments ces entretiens sublimes pour me livrer aux soins que notre état corporel exige ; c'est la vie matérielle et présente qui vient réclamer impérieusement ses droits, c'est pour moi le réveil d'un beau songe ; mais non, je me souviendrai que je ne suis pas le jouet d'un rêve, ton corps endormi sera pour moi la preuve de la réalité. Repose en paix, mon fils, déjà la parole expire sur tes lèvres et tu te penches doucement sur cette couche que les anges gardent ; adieu !....

Et après avoir déposé un baiser plein d'amour sur le front de son fils, Mme Marcel s'approcha de Léonie qui s'éveillait souriante en tendant ses bras à celle qui désormais devait être tout pour elle sur la terre.

CHAPITRE VI

Questions naïves d'un enfant Ludovic décrit la substance des esprits

M°¹° Marcel n'avait jamais éprouvé l'amour maternel à un pareil degré, elle sentait l'énergie et la jeunesse dans tout son être, son courage ne devait plus subir d'atteintes, sa tâche était tracée. Après avoir donné les soins nécessaires à sa petite fille, elle la conduisit près de son père qui goûtait un paisible sommeil. — Le visage de Ludovic était pâle, son cœur battait avec la même régularité que dans son état normal, mais les battements soulevaient à peine sa poitrine ; la respiration subissait la même alternation et il avait une apparence de calme qui ôtait toute inquiétude sur son état.

— Ne fais point de bruit maintenant, dit-elle à Léonie, ton père repose.

— Et maman ?

— Elle est au ciel.

— Au ciel ! reprit la petite fille que ce mot ravissait, qu'elle est heureuse maman ! c'est un pays qu'elle connaissait déjà ; souvent elle me disait le soir en me montrant les étoiles : Voilà la demeure des anges, mais il faut être bien sage, bien sage ! pour y parvenir, il faut aimer Dieu qui a tout créé et, pour lui plaire, ne jamais désobéir ni faire le mal. Elle me disait aussi que les anges avaient des ailes et un visage de toute beauté, qu'ils habitaient au milieu des fleurs les plus belles et que tous leurs désirs étaient satisfaits.

Mais, bonne mère, je me souviens que j'ai vu aussi un de ces anges avant mon réveil; oh ! comme il était beau ! il se penchait sur moi et me disait en me comblant de caresses : Sois bonne, Léonie, je veillerai sur toi et je viendrai souvent te visiter pendant ton sommeil.

Oh ! qu'il me tarde que ma mère revienne de ce grand voyage, de ce pays où brille le soleil, peut-être que Dieu lui aura donné pour moi quelque jolie chose, car c'est Noël, bonne maman, et grande fête au paradis.

— Et sur la terre grande tristesse, dit Mme Marcel en regardant la campagne couverte d'un linceul blanc. Puis cette tristesse de la nature pénétra un instant sa pensée, le souvenir des événements de la semaine vint à son esprit ; cette veille de Noël où un triste convoi avait conduit Marie à sa dernière demeure, l'arrivée de Ludovic et de Léonie, et toutes les scènes qui avaient suivi cette journée, l'assaillirent de nouveau : alors elle se dit : O ! les révélations de mon fils sont peut-être l'effet momentané d'un état d'exaltation et de fièvre ; je ne puis résister à tenter une seconde expérience, j'ai trop goûté le bonheur pour ne pas le chercher encore.

Et, secouant la torpeur qui la dominait, elle prit le flacon d'élixir et, s'approchant de Ludovic, lui en fit tomber quelques gouttes dans sa bouche entr'ouverte ; une faible rougeur colora aussitôt son visage et, lui prenant la main, elle l'appela doucement.

Au contact de cette main, au son de cette voix, un frisson rapide fit tressaillir Ludovic comme s'il venait d'éprouver une commotion électrique.

— Me voilà, mère chérie, dit-il, c'est l'heure des révélations. J'ai vu les habitants de l'espace, ils se sont approchés de moi, pauvre prisonnier, leurs voix ont pénétré mon intelligence et je les ai comprises. Comprendre le langage des anges ! mais c'est entrer dans le secret de la science supérieure où Dieu prodigue son amour ! Oh ! que le voile qui cache les mystères de l'immortalité est difficile à lever, que sa substance est fragile, quel froissement dans les ondulations de ses plis si l'on soulève trop brusquement ! car il sépare des secrets qui surprendraient vos intelligences. Je ne suis plus isolé maintenant, mon esprit, quoique captif, embrasse la vaste perspective de l'infini ; la vue matérielle est courte, parce que l'œil a reçu des limites ; la vue spirituelle seule n'en a pas, l'esprit n'a plus de sens, il est dépouillé de cette armure pesante qui gêne et paralyse ses mouvements ; sa nature est d'une essence subtile, invisible comme l'air, s'insinuant partout, prenant tour à tour la forme d'une colombe ou d'une flamme, s'élevant à son gré dans l'espace ou s'abaissant sur la terre et plus bas encore. Tous ces êtres qui savent se rendre invisibles et petits possèdent une conception et une intelligence sans bornes ; leur pensée se lit au milieu de peintures ravissantes ; s'ils vous effleurent, un frisson de bonheur vous pénètre ; s'ils vous aiment, ils se confondent en vous ; la sympathie, l'amour, groupe des esprits qui, tout en restant personnels, augmentent leur bonheur en unissant leur science, leur sagesse et leur force ; ce sont les dons les plus précieux qui s'associent et se fortifient pour faire accomplir les grandes missions. Ces associations d'esprits se nomment légions, elles président à la formation des mondes et aux transformations de l'humanité ; elles soutiennent et dirigent les messies et effleurent en passant l'intelligence des mortels ; c'est ce que l'on appelle l'inspiration, cette lumière surnaturelle dont vous cherchez en vain le foyer, qui vous embrase sans vous consumer, qui vous élève au-dessus de votre misère pour vous enseigner l'humilité ; l'inspiration forme corps dans l'intelligence qu'elle anime, parce que tout à la fois celle-ci touche, voit, entend et comprend. Ce qui vient de la pénétrer, quoique n'ayant point de sens, vous en fait sentir successivement tous les effets, et je demande à celui qui obtient cette faveur s'il n'éprouve pas des jouissances au-dessus de toute expression du langage de la terre. Oh ! ma mère, toi-même dans ce moment suprême qui nous unit encore, n'éprouves-tu pas un bonheur plus grand à m'entendre du monde des esprits que lorsqu'il y a quelques heures, j'étais à tes côtés te parlant de mes souffrances et de mes appréhensions ? Combien de fois mes paroles ont-elles frappé ton oreille sans pénétrer ta pensée ! Dans ce moment, au contraire, tu te trouves identifiée à mon esprit, tu ne sens plus le poids de ton corps, tes yeux sont attachés à ma bouche, ta volonté est toute en moi et, malgré l'élévation de notre entretien, mon enfant subit la même influence. Pourquoi ? C'est qu'à ce moment l'esprit domine la matière.

— Mon fils, tu me rappelles à moi ; il me semblait voir, en effet, tout ce que tu viens de dépeindre, je n'étais plus dans cette pauvre demeure, ces murs avaient disparu, je te voyais rayonnant de bonheur et de beauté, mais le retour à la réalité m'épouvante. Oh ! n'est-ce pas, Ludovic, que ce n'est ni un délire ni un songe qui te fait parler ainsi ?

— Non, ma mère, rassure-toi, ce que je vois est plus réel et plus durable que tout ce qui t'entoure, plus beau que tout ce que l'esprit incarné peut concevoir ; je ne désire qu'une chose, c'est de voir Marie, de la reconnaître au milieu de ces multitudes innombrables d'êtres invisibles qui remplissent l'espace ; mais le moment n'est pas encore venu, j'expie par elle parce que c'est à cause d'elle que j'ai péché, je ne la verrai que le jour de ma complète délivrance, c'est *elle* qui viendra rompre le faible lien qui m'unit encore à ce pauvre corps, c'est *elle* qui me soutiendra dans mon vol rapide et je ne faiblirai plus quand elle sera mon guide.

Ces dernières paroles furent prononcées d'une voix presque éteinte, il fallut toute l'attention de sa mère pour les recueillir. Le sommeil vint interrompre leur douce causerie et exercer sa bienfaisante action sur Ludovic.

— D'où vient que papa n'ouvre pas les yeux, demandait Léonie à Mme Marcel, il est donc devenu aveugle ?

— Oui, mon enfant, ses yeux resteront toujours ainsi, ils ne pourront plus nous voir.

— Quel malheur !

Et la petite fille se prit à pleurer.

— Pourtant, reprit-elle, comme il dit de belles choses depuis qu'il a perdu la vue ! il parle de ce qu'il *voit*.

— Ton père, mon enfant, a reçu un don bien grand de Dieu, il possède la vue spirituelle et il en décrit les beautés.

Comme Léonie ne pouvait pénétrer plus avant dans ces questions, elle se livra, avec l'insouciance qui caractérise l'enfance, aux jeux bruyants de son âge.

CHAPITRE VII

Moyen de communication des esprits avec les mortels. — Leur dévouement. — Nature des sphères qu'ils habitent. — Paroles d'espérance. — Le temps marche à grands pas.

Les heures s'écoulaient lentement au grand désappointement de Mme Marcel qui eût voulu déjà être au lendemain pour pouvoir de nouveau causer avec son fils; le temps qu'elle y mettait lui paraissait bien court, mais, malgré l'affirmation de Ludovic, elle craignait que la parole lui fût retirée, et c'était toujours avec une certaine appréhension qu'elle renouvelait ces doux entretiens.

— Mon fils, dit-elle un jour à Ludovic, au moment où il allait prendre la parole, les anges que tu vois ne seraient-ils pas plus beaux avec une forme déterminée, comme Raphaël les a représentés dans ses toiles immortelles ? Que ce serait agréable de reconnaître des visages sympathiques

avec les traits qu'ils possédaient sur la terre !
Quelle douce joie ils causeraient à ceux qui les
aiment !

— Je t'ai parlé, ô ma mère, de la substance
des esprits, de leur pénétration et de leurs attributs, ils peuvent donc aussi se transformer à
leur gré sous des aspects différents : je vois dans
ce moment des anges aux blanches ailes, et au
visage radieux, leur grandeur est colossale et
majestueuse, ils tiennent de la femme par leur
grâce et la souplesse de leurs mouvements, de
l'aigle par la rapidité de leur vol, et de la divinité
par leurs regards ; sublimes dans leur charité,
ils descendent sur la terre sans que la tristesse
vienne plisser leur beau front, et ne craignent
pas de ternir l'éclat de leur beauté au contact des
passions brûlantes du mal ; ils sont impalpables
et incorruptibles parce qu'ils sont spiritualisés,
le mal s'enfuit à leur approche comme les ténèbres disparaissent lorsque la lumière se montre
à l'horizon. Ces esprits sont entourés d'une atmosphère formée par la force et la puissance de
leurs perfections ; elle les enveloppe comme une
auréole lumineuse qui pénètre et transforme tout
ce qui subit l'attraction de ce fluide céleste ; les
régions qu'ils habitent sont purifiées aussi de
toute impureté, le ciel est toujours plus haut à

mesure qu'on s'élève dans la sagesse, il possède des astres raréfiés, la matière n'existe pas dans ces hauteurs ; ce qui la remplace, pour former l'essence de ces créations supérieures, ce sont des fluides prenant tour à tour la forme de montagnes, de collines et de vastes plaines ; des substances merveilleuses de finesse et de transparence forment des lacs où se mirent les anges et les astres ; les fleurs les plus belles, les plus rares, se groupent pour mêler leurs parfums et leurs couleurs que la lumière produit de ses rayons multicolores ; les temples qui servent de points de ralliement aux êtres supérieurs sont de vastes tentes de feuillage et de sculpture d'un art incomparable ; la diaphanéité des murs et des portiques a des reflets opales ; l'air pur et imperceptible qui circule en ces lieux forme des harmonies qui ravissent ; il ne rencontre pas, comme sur la terre, des obstacles, des courants contraires qui préparent les tempêtes ; jamais dans ces sphères il ne se forme des nuages, parce qu'elles sont exemptes d'émanations malsaines ; elles n'ont pas à combattre contre les intempéries des saisons, contre la maladie, la mort ; le temps ne traîne pas après lui sa trace destructive, les infirmités ne peuvent atteindre ces hauteurs ; il n'y a point de plantes vénéneuses mêlées aux fleurs, elles ne cachent pas sous leur touffe parfumée le reptile vénimeux. Les anges ne sont plus en contact avec des êtres méchants, ils sont préservés de toute persécution ; s'ils viennent visiter les mortels, c'est un pur sentiment de dévouement qui les fait descendre jusqu'à eux, ils n'ont pas besoin d'être en présence du bien et du mal, ils ont vaincu les ennemis redoutables qui pressent l'humanité de toutes parts. O ma mère ! chaque instant, chaque minute, m'apporte de précieuses instructions : lorsque je regarde en avant, je vois l'éternité ; si je regarde en arrière, je vois encore l'éternité. En montant l'échelle de Jacob, c'est-à-dire en parcourant les étapes de la route éternelle, à chaque pas, nous rencontrons les débris de nos défaites ou les fruits de nos victoires, tout reste sur le chemin comme un témoignage de la marche que nous avons déjà faite et, pour parler plus clairement le langage des mortels, je dirai que toutes nos pensées et nos actions sont vivantes, elles ont des voix qui pleurent, qui prient ou qui chantent, et leurs soupirs viennent souvent retracer en nous de tristes souvenirs. Cette échelle de Jacob, combien de fois avons-nous essayé d'en atteindre la cime ! Mais lorsque nous arrivions à une certaine hauteur, nous regardions en bas pour mesurer le chemin que nous avions déjà fait, et le vertige s'emparait de notre esprit encore bien faible, nous comparions ce que nous avions franchi à ce qu'il nous restait encore à gravir et nous trouvions que nous étions plus près du sol que du ciel ; alors nous redescendions à rebours sans prendre garde aux pièges et aux abîmes qui nous environnaient.

— Que Dieu est patient, ô ma mère ! il nous attend toujours, il déplore nos défaillances et nous rend l'espoir en nous montrant le but, il dit : « Courage, persévérance ! » Il ne châtie pas ceux qui tombent en chemin : ne souffrent-ils pas assez des blessures de leur chute ? L'espérance se développe par la pratique, et la prudence par les épreuves ; si nous étions arrivés à la perfection sans y avoir travaillé, elle ne pourrait être complète parce qu'il nous manquerait la charité, cette fille de la douleur; si nous ne connaissions pas la souffrance, l'indifférence gagnerait bien vite nos cœurs : ne souffrons-nous pas les uns par les autres ? Par ce moyen nous forçons les méchants à devenir bons et les faibles à prendre courage ; ce mélange est utile pour le progrès des âmes. Où en serait votre globe si les méchants seuls l'habitaient ? qui leur donnerait la crainte, si des hommes justes n'avaient créé des lois pour les retenir ? Et la morale, cette esquisse extérieure de la conscience, qui l'aurait élevée jusqu'au cœur de l'homme méchant, s'il n'avait sous les yeux des modèles à suivre et à consulter? Non, il ne faut pas que le bien et le mal soient séparés dans ce monde inférieur, ils doivent marcher de pair, habiter sous le même toit, ils doivent être semblables à deux frères éloignés de la patrie, dont l'un est aveugle et infirme et l'autre fort et agile : faut-il donc que celui-ci laisse son frère expirant sur la route, sans soutien et sans guide? Le père, en le voyant arriver seul, ne lui demanderait-il pas : « Malheureux, qu'as-tu fait de mon fils? retourne le chercher, ses infirmités me le rendent cher, je veux panser ses plaies et baiser ses yeux, il entendra ma voix et recevra mes caresses. » Combien la route de la vie est remplie de ces pauvres aveugles qui marchent en tâtonnant et qui se heurtent à chaque instant contre des obstacles qu'ils ne peuvent franchir! Je veux parler de ceux auxquels le découragement et le désespoir ôtent la faculté de juger, de discerner : ils ne savent plus où est la vérité, ils la cherchent partout sans savoir qu'elle se trouve en eux dans le calme de la conscience, c'est là qu'elle s'abrite et se manifeste ; elle est éloquente et persuasive parce qu'elle opère les actions que le mensonge ne peut accomplir, ce sont des miracles de dévouement et d'abnégation. O ma mère, quel pas fera l'humanité lorsqu'elle connaîtra ses destinées ! Il faut pour cela que la terre entre dans une nouvelle phase de progrès; le moment approche ; je vois les anges qui ont reçu la mission de l'annoncer, ils sont puissants et ont les mains pleines de révélations merveilleuses, ils renverseront les idoles et se serviront des simples et des humbles pour faire éclater une science qui confondra ceux qui se croient bien éclairés. Ce que je vois maintenant sera révélé à tous, c'est ce que l'on appelle vulgairement la fin des temps, c'est le jugement dernier. Oh! ne tremblez plus, habitants de la terre, lorsque vous entendrez prononcer ces mots qui ont dû souvent troubler votre esprit, ce sera la fin des temps pour les ténèbres et l'ignorance, la fin des temps pour la foi aveugle, pour les vains scrupules, pour la superstition. Il est dit dans les Ecritures : « Lorsque la fin arrivera, vous verrez des signes dans le Ciel, vos femmes et vos filles prophétiseront et les vieillards auront des songes. » — Le jugement dernier c'est la révélation des choses qui seront restées cachées jusqu'à ce jour et qui avaient été enseignées par allégorie, c'est le règne de l'*Esprit* que le Christ a annoncé, de cet Esprit dont il est dit que « les péchés contre *lui* ne seront pas remis dans ce siècle et le suivant; car il donnera des preuves si grandes qu'alors le doute ne serait plus un manque de foi, mais un renoncement complet à la vérité et à la raison. Il montrera la lumière, elle éclairera les sages et aveuglera ceux qui ont des yeux et qui ne veulent pas voir. Ce règne sera le dernier pour faciliter le retour au bien, et chacun recevra des conseils par l'inspiration ou par des interprètes que les anges choisiront dans les familles ; l'enfant en bas âge dira des choses surprenantes, et les vieillards l'écouteront, comme autrefois les docteurs de la loi écoutaient le Christ âgé de douze ans. Moïse a conduit l'humanité dans le chemin du travail et il a établi les lois de la famille ; après ce temps Jésus est venu réveiller les vertus les plus élevées, les plus saintes, qui étaient dans les cœurs : la charité, la solidarité ; il a attaché un prix et un mérite aux souffrances qui étaient regardées avant lui comme un signe de malédiction ; il n'a pas renversé la loi morale, il n'a pas condamné le premier temps, mais il a fait faire à l'un et à l'autre un pas en avant : il a dit : « L'Esprit vous apprendra toutes choses. » — Et, jour mémorable [1] dans les annales du monde, il a donné un aperçu des merveilles du

---

[1] La Pentecôte.

règne qu'il annonçait : la légion d'anges qui le soutenaient qui l'inspiraient pendant sa mission, st venue confirmer ses promesses en se manifestant au milieu d'une assemblée nombreuse qui avait vu et entendu ce que le Messie annonçait pour le règne de l'Esprit ; tout le peuple fut saisi d'étonnement d'abord et d'admiration ensuite. Voilà ce qui attend les mortels, et déjà les signes précurseurs de ces temps se manifestent; leshommes qui ont ressenti les premiers les avertissements de cette ère nouvelle marchent à pas lents, mais avec prudence, dans cette voie ; ils craignent que les révélations soient reçues avec ironie et dédain ; ils prient et étudient, et chaque jour ils voient germer les fruits de leurs travaux dans les âmes qui languissent dans la tristesse et le doute. Les anges qui se montraient aux jours de Moïse et du Christ, sont prêts à reparaître et à vous guider ; ils s'étaient retirés ou plutôt s'étaient rendus invisibles, afin que votre foi se réveillât et que vos désirs fussent excités par le besoin de voir ces guides, ces amis ; ils répondront à votre appel suppliant, et, à mesure que la confiance grandira dans vos âmes, vous aurez des preuves de leur présence. O ma mère, comme les tableaux des choses à venir apparaissent à ma vue ! Quelle suite non interrompue d'événements ! Tout marche à pas précipités ; les guerres désastreuses se pressent comme des monstres affamés, mais c'est en passant qu'elles ravagent, elles courent vers l'abîme qui doit les engloutir pour jamais, semblables à ces nuages qui fuyent sous l'impulsion d'un vent violent et qui sèment sur leur chemin la terreur et la désolation !

Ne vous effrayez donc pas des fléaux qui viendront vous visiter, ils fuiront, croyez-le bien, mais ils seront plus terribles que s'ils eussent marché moins vite.

CHAPITRE VIII

Confidence de Mme Marcel

— Mon fils, c'est avec une vive émotion que je m'adresse à toi aujourd'hui. Tu n'as connu qu'une partie des chagrins qui nous ont affligés depuis la mort de ton père ; maintenant je puis tout te dire, parce que tu es plus fort pour recevoir ma confidence, écoute-moi : Tu as cru jusqu'à présent, que la perte de notre fortune avait eu pour cause la mauvaise foi d'un ami que ton père avait obligé dans un moment suprême où son honneur était engagé et qui avait emporté une somme considérable que notre situation financière ne pouvait suffire à remplacer. Depuis longtemps j'observais la tristesse et quelquefois même la mauvaise humeur de ton père ; ce changement inattendu dans son caractère m'affligeait beaucoup, car il m'avait toujours rendue très-heureuse. Je pensais alors qu'il pouvait avoir quelques contrariétés au sujet de ses affaires, je n'osais le questionner, sachant qu'un notaire a souvent des secrets à garder. Sa santé ne tarda pas à se ressentir de cette affection morale, ses forces s'affaiblissaient sensiblement ; enfin une maladie se déclara et les médecins, dans son intérêt, le prévinrent qu'il pourrait y avoir quelque danger, si, après un certain nombre de jours, les remèdes prescrits n'apportaient pas une amélioration visible dans son état, et qu'il serait prudent de mettre ordre à ses affaires.

Après cette révélation, ton père eut hâte de se trouver seul avec moi, il me fit approcher de son lit, me prit les mains et me parla ainsi :

— « Sois bien forte, Marthe, pour écouter ma confession, elle sera bien pénible pour toi qui m'as tant aimé ; mais il est impossible de te cacher plus longtemps la triste position qui t'attend. La mort va me frapper, elle s'avance à grands pas, soutiens-moi et ne maudis pas celui qui, malgré ses erreurs, n'a cessé de t'aimer.

» Une femme s'est trouvée sur le chemin de ma vie comme un mauvais génie, elle était fière et hautaine et sut me séduire par ses charmes que je n'ai jamais pu définir ; je la haïssais et, chose étrange, je ne pouvais me passer longtemps de sa présence, sa fierté me faisait ramper, ses sourires m'ont fait commettre des bassesses. Je t'aimais toujours davantage lorsque je comparais tes qualités, ta douceur, à ses vices et à son arrogance, et, malgré cela, j'étais sans cessé poussé à retomber dans ses piéges, ce qui resserrait chaque jours les liens impurs qui nous unissaient; les fautes sans nombre qu'elle me fit commettre creusaient toujours de nouveaux abimes sous mes pas.

» Séparée de son mari qu'elle avait ruiné par ses folles dépenses, elle vivait avec Lina, sa fille, qui suivait la pente rapide où l'entrainait sa mère, et qui a contribué pour sa part aux exigences que Mme Léonard me faisait subir. Une jeune fille habitait aussi au milieu d'elles, mais heureusement l'influence de cette femme ne put jamais l'atteindre ; cette enfant est une pupille qui me fut confiée en bas âge à la mort de ses parents, elle possédait une fortune assez considérable ; son caractère est doux et sympathique, elle ignore complétement sa position et se croit la protégée de Mme Léonard qui l'a habituée à la servir. Je n'ai jamais eu le courage d'empêcher les mauvais traitements qu'elle subit.

» Toute sa fortune a servi pendant seize ans à satisfaire le luxe et l'orgueil de ces deux femmes; j'espérais toujours réparer cette brêche, mais mes affaires s'embrouillaient de plus en plus, et mes clients commençaient à s'inquiéter à juste titre, notre ruine était évidente et, malgré cela, Mme Léonard, qui ne l'ignorait pas, réclamait toujours impérieusement de nouvelles sommes.....

» Ma conscience se révolte et le désespoir me tue ! O Marthe, pardonne-moi, cache surtout à Ludovic tout ce qui pourrait lui rendre ma mémoire pénible ! »

Après ces paroles les forces l'abandonnèrent, je l'encourageai et le soutins de mon mieux.. J'étais aussi abattue par la douleur, mais je surmontai mon désespoir afin de lui rendre ses derniers moments moins amers: la vie s'en allait rapidement, sa main ne serrait plus la mienne et ses yeux étaient demi-clos ; je lui donnai le baiser de paix en lui promettant de sacrifier ma fortune particulière à réparer ses fautes et de prendre auprès de moi la jeune orpheline à laquelle, si je ne pouvais rendre l'héritage, je donnerais au moins la tendresse et l'amour d'une mère. Ces dernières paroles lui firent une bonne impression, et il mourut dans mes bras me laissant en perspective la misère et le déshonneur.

O mon Ludovic ! si je te parle ainsi aujourd'hui, c'est que tu n'es plus de ce monde. Si tu vois un jour ton père, ne sois pas étonné si son esprit est troublé et inquiet ; il viendra peut-être te demander pardon, il viendra avec l'ange que tu as perdu signer cette paix qui doit lui être nécessaire pour posséder celle de sa conscience !

O mon fils, au nom de l'amour que tu as pour ta mère, pardonne, pardonne !

Mais il faut que j'achève cette triste histoire.

La première semaine de mon veuvage, j'écrivis en ces termes à Mme Léonard : « Madame, au
» lit de mort, mon mari m'a révélé tout ce qui
» concerne la jeune fille que vous avez chez vous
» et dont il était le tuteur ; je connais tout ce
» qui s'est passé au sujet de sa fortune et je de-
» mande, pour réparer le tort qui lui a été fait,
» de la prendre avec moi et de lui rendre au
» moins l'affection de la famille qu'elle n'a point
» goûtée.   » Marthe DEBART. »

Pour toute réponse je recevais le lendemain la visite d'un monsieur, accompagné d'une jeune fille toute timide et dont la santé paraissait bien altérée ; ce monsieur me présenta de la part de Mme Léonard, Mlle Marie Noguès sa protégée, et comme sa mission était terminée, il se retira.

Je me trouvais donc seule avec Marie et je lui demandai affectueusement si elle pensait pouvoir s'habituer à la campagne que j'allais désormais habiter.

— Oh oui, Madame, me répondit-elle, avec une joie qu'elle ne chercha pas à dissimuler, il y a longtemps que je suis à Paris, et il me semble que la vie des champs doit être bien plus agréable ; du reste, j'irai où vous voudrez, ne suis-je point à vos ordres ?

— Non, mon enfant, lui dis-je en l'embrassant, vous ne serez pas ici pour me servir, mais comme une fille auprès de sa mère.

— Oh ! merci, Madame, que de bien vous me faites ! ce mot de *mère* n'avait jamais répondu à l'appel de mon cœur, c'est la première fois que je ressens le bonheur attaché à ce doux nom ! »

Nous devions habiter le département des Landes que j'avais visité avec ton père, quelques années après notre mariage ; la tristesse de cette contrée s'harmonisait avec celle de mon cœur.

Je n'avais conservé de ma fortune que juste ce qu'il me fallait pour vivre modestement avec ma jeune compagne ; j'avais l'intention de reprendre mon nom de famille afin de rester inconnue dans ma nouvelle position. Ce qui m'attristait le plus, c'était de ne pouvoir te faire poursuivre tes études ; tu étais en ce moment à l'école des arts et métiers où tu faisais de rapides progrès ; tu connaissais le mécanisme par théorie, et tu résolus sans hésiter d'en apprendre la pratique jusqu'au moment où par ton travail tu pourrais reprendre tes études. Je te laissai donc à Paris trois ans afin d'achever ton apprentissage. Pendant cette pénible séparation une correspondance suivie nous rapprochait par la pensée ; la vie paisible que je menais avec Marie avait rendu un peu de calme à mon âme, nous parlions souvent de toi et une candide rougeur animait le visage de ma jeune compagne, lorsque dans tes lettres tu parlais de retour.

Oh ! quel beau jour que celui qui t'as ramené parmi nous ! nous ne devions plus nous séparer que momentanément, tu avais trouvé à Mimizan, petite localité à trois lieues de notre retraite, un emploi chez un mécanicien très-renommé, et tu venais passer le dimanche sous l'humble toit maternel ; tu ne t'apercevais plus du changement matériel de notre position. Eh ! combien j'étais heureuse de la douce et sainte amitié qui s'était éveillée dans le cœur de Marie et dans le tien. Tu avais vingt-un ans alors, l'énergie et le courage te faisaient trouver le travail agréable, tu n'ambitionnais plus rien : où le cœur trouve la joie l'ambition s'arrête. Enfin, après trois années, tu amassas par tes économies une somme suffisante pour songer à t'établir, tu n'attendais que ce moment pour demander la main de Marie. Sa joie fut grande lorsque je lui fis part de tes intentions, pour toute réponse elle m'embrassa tendrement en me disant tout bas : « Ma mère !... » Ce fut tout. Quelques jours après, le pasteur bénissait cette union qui promettait tant de jours de bonheur ; tout le poids qui accablait mon âme avait disparu, la réparation semblait être dirigée par la Providence et je l'en remerciais. Mais le mal dont Marie avait été atteinte n'était qu'assoupi, il se réveilla plus violent à la naissance de Léonie, il augmentait tous les jours, le cœur souffrait et ses palpitations précipitées faisaient redouter une mort prématurée ; c'est alors que la tristesse et le découragement sont venus empoisonner ta vie. Tu sais le reste.

Tu m'as écoutée, tu m'as comprise, n'est-ce pas ? Je l'ai senti à la pression de ta main qui n'a pas quitté la mienne.

Mon intention est de te préparer à accorder un pardon lorsque l'heure sera venue. Réponds-moi maintenant, mon fils, j'ai besoin d'entendre ta voix pour me reposer des émotions que ces tristes souvenirs ont fait renaître en moi ; je t'ai trop rappelé sur la terre, parle-moi du ciel et pardonne-moi si ton esprit éprouve de la tristesse à la suite de cette révélation.

CHAPITRE IX

Ludovic entretient sa mère de la réincarnation — Nous sommes les enfants de nos œuvres.

Ludovic, après un moment de repos nécessaire pour réparer la tension que son esprit venait de subir, prit la parole.

— Ma mère, je te remercie de m'avoir mis au courant de la situation de mon père, tu lui épargnes l'humiliation de me faire ces pénibles aveux ; je le vénère comme par le passé, et Marie, cet ange si dévoué, aura cherché ce pauvre coupable, pour lui dire qu'elle lui pardonne. Oh! si tu savais, ma mère, le doux commerce que les âmes échangent entr'elles! Les persécutés cherchent les persécuteurs et leur donnent les premiers le baiser de réconciliation. Dieu se plaît à voir ses enfants contribuer à leur bonheur mutuel; le libre arbitre gouverne les aspirations dans un ordre parfait; ô ma mère! je suis doublement heureux d'avoir tant aimé Marie et participé ainsi à la réparation des injustices qu'elle a subies. J'ai appris aussi que tout a sa raison d'être, que ceux qui souffrent sur la terre sont les cœurs les plus rapprochés de Dieu; lorsque nous connaîtrons les motifs des épreuves que nous avons à supporter, la justice nous apparaîtra dans tout l'éclat de sa pureté. Il y a des fautes qui ne peuvent se pardonner dans le monde que j'habite, parce que la réparation est la plus importante des conditions du pardon, il faut qu'elle s'accomplisse dans les mêmes globes où les fautes ont été commises. Dieu permet l'oubli de ces choses aux esprits qui viennent de nouveau souffrir, parce que dans les régions où le mal règne avec tant de violence comme sur la terre, l'expiation deviendrait impossible. Si le secret de leurs fautes ne restait caché dans l'éternité, les joies de la vengeance, l'aiguillon de l'orgueil, viendraient les assiéger ; les vindicatifs s'obstineraient, sous le masque de chair, à ne point pardonner.

Dans le monde des esprits on peut accomplir deux choses pour les âmes souffrantes : Les préparer d'abord au repentir en leur donnant l'espoir du pardon. L'esprit qui n'a su mettre un frein à ses passions n'entend que les cris de sa conscience indignée ; les ténèbres l'entourent, l'intelligence ne peut plus jouir de ses facultés, elle cherche en vain à évoquer des souvenirs agréables pour dissiper le feu dévorant de ces mêmes passions qui débordent comme la lave brûlante d'un volcan en éruption. Cette première épreuve est utile parce que les esprits qui la subissent garderont un souvenir, quoique vague, des souffrances du remords ; plus tard, lorsqu'ils seront au bord de l'abîme, la voix de la conscience sera mieux écoutée. Combien de pauvres âmes qui se croient abandonnées, savent apprécier ces rayons de clarté, que nous faisons apparaître de temps à autre comme un éclair au sein de l'obscurité ! Le ciel semble s'ouvrir et se refermer aussitôt, une lueur d'espérance s'allume dans leur esprit tourmenté, et lorsque l'ange de la charité vient dissiper d'un coup de ses ailes tous ces fluides impurs qui tenaient emprisonné le coupable, l'esprit peut alors se pénétrer de ses douces influences et s'instruire ensuite des vérités éternelles dont il ignorait les lois immuables lorsqu'il était sur la terre. Tu comprends, ô ma mère, pourquoi la réparation ne peut s'accomplir dans le monde spirituel : le mérite n'existerait pas, or Dieu veut que nous soyons les enfants de nos œuvres. Il n'y a pas de bonne instruction qui n'attire des grâces pour faire une bonne action : les mauvaises pensées les éloignent ; la conscience n'est pas satisfaite tant que la réparation n'est pas accomplie, la conscience est sévère, parce qu'elle possède la justice qui est le sceau de Dieu dans nos âmes, et c'est par là que nous tenons de la divinité.

CHAPITRE X

Entretien de Ludovic avec un esprit

Mme Marcel était un jour assise près de son fils et le préparait, comme de coutume, à sa causerie journalière ; Ludovic venait de recevoir les quelques gouttes d'élixir qui soutenaient cette vie si délicate, la parole lui vint insensiblement, mais il ne répondait nullement aux questions que sa mère lui adressait, il semblait discourir avec un esprit ; sa figure était animée et reflétait la joie que son âme éprouvait.

— Ange du ciel, disait-il d'une voix émue, ta présence et la lumière qui t'environne me troublent ; tu as voilé ton visage sans doute parce que sans cela je ne pourrais soutenir l'éclat de ton regard. J'éprouve, en te voyant ainsi, une sainte frayeur, je suis encore trop lié à la matière pour supporter longtemps les rayons célestes dont tu es entouré : voir de loin les habitants du ciel, c'est un doux ravissement, mais être enveloppé de leur essence, cela peut faire mourir. Viens-tu dénouer les faibles liens qui me fixent encore ici-bas ? Mon expiation est-elle donc terminée ? Dois-je revoir Marie ? Ah ! alors emmène-moi, fais que je jouisse bientôt de ta félicité ; je t'écoute, parle-moi.

Et Ludovic se pencha doucement sur la poitrine de sa mère comme pour écouter la voix de l'ange ; son front était brûlant, ses membres saisis d'une certaine rigidité.

Pauvre mère, elle croyait cette fois que tout allait finir, elle priait toute tremblante !

Ludovic répondit enfin, mais comme si une voix étrangère venait de prendre possession de ses organes : Mère, disait cette voix, appelle ton fils, parle-lui, il veut briser ses liens lorsque son heure n'est pas encore venue.

Marthe, recouvra alors toute son énergie, elle se souvint que, si elle faiblissait, son fils perdrait la parole. Elle releva cette tête inclinée sur son sein et lui parla avec le ton du commandement.

— Ludovic, dis-moi ce qui se passe, répète les paroles de l'ange, toi seul les as entendues ; n'oublie pas que tu dois rester près de ton corps, l'expiation de tes faiblesses passées n'est pas encore achevée.

Ludovic étendit ses membres devenus souples, et un sourire de bonheur erra sur ses lèvres.

— Ah! si tu savais, ma mère, comme le souffle qui entraîne l'esprit est puissant ; il y a des fluides qui attirent en haut, d'autres qui attirent en bas, suivant les aspirations. Il faut pour s'élever, posséder l'amour passionné des choses du ciel, il faut avoir le désir de trouver dans les hautes sphères des âmes qui ont emporté en mourant une partie de notre vie ; il faut enfin avoir bien souffert. Ceux qui trouvent leur satisfaction dans leurs passions terrestres sont trop lourds pour s'élever, ils rampent et s'insinuent dans les sens des mortels qui possèdent les mêmes penchants, les mêmes vices; plus tard je te parlerai du mal qu'ils font commettre. Ces esprits contribuent puissamment à retarder le progrès des âmes; quelquefois ils vont errer parmi les bons pour tâcher de les pervertir, c'est ce que l'on appelle l'obsession. Mais dans ce moment je ne puis parler que de mon nouveau bonheur : l'ange qui vient de se montrer à moi m'a dit qu'il est mon protecteur, mon guide ; il va me conduire à travers l'espace sans que les liens qui me rattachent à mon corps soient rompus. Mon esprit ne sera plus immobile à admirer les beautés que la rotation céleste et la perception de mon intelligence dévoilaient à mes yeux ; je connaîtrai le bien et le mal, j'irai visiter les prisonniers du remords, je chercherai à les délivrer et je tendrai la main à ceux qui ont succombé sous le poids de leurs faiblesses. La force m'environne depuis que j'ai un guide, il m'a apporté l'espérance, je serai bientôt digne de pardon.

CHAPITRE XI

Ludovic à la recherche de ses incarnations — Ses tortures morales lorsqu'il découvre sa première existence — Pendant un demi siècle après sa mort — Peinture des remords — Instruction de son guide.

Ma mère, je suis bien bas, aujourd'hui mon ange m'a dit qu'avant de connaître le bien et le mal il fallait apprendre à se connaître soi-même. Je vais entreprendre avec lui un pèlerinage bien long et bien pénible ; je prendrai un bâton de voyage pour me soutenir dans cette route périlleuse ; je rencontrerai force dangers et obstacles, mes pieds se déchireront dans les ronces et les épines du chemin, je serai torturé par la soif en traversant des déserts, je souffrirai l'abandon après la gloire, le mépris après les honneurs, la pauvreté après la richesse ; en divers endroits la terre sera humide de mes sueurs. Je prendrai tour à tour l'aspect d'un vieillard et celui d'une jeune fille ; j'endurerai de nouveau, comme les mortels, les douleurs physiques et morales ; mais mon corps ne sera pas atteint, mon âme seule souffrira, et pour cela il faut qu'elle se revête de cette enveloppe impérissable que l'on appelle périsprit.

Sois sans crainte, ô ma mère, mes souffrances ne seront pas de longue durée.

Je suis en ce moment sur un vaste champ de bataille, je vois des tableaux effrayants, de nombreuses victimes : les agonisants se soulèvent péniblement et retombent aussitôt pour ne plus se relever ; je vois des armes brisées, des chevaux morts et qui, en tombant, ont écrasé de leur poids leurs cavaliers intrépides. D'un côté, je vois aller, après le carnage, des hommes animés de la plus héroïque charité relever parmi les morts ceux qui ont encore quelques instants à vivre, et panser les blessés ; du côté opposé, je vois les pillards, ces hommes ignobles, qui, comme la hyène, le sang aux lèvres, s'approprient avec une féroce avidité quelques pièces de monnaie et la dépouille des morts. Je vois aussi dans l'espace une multitude d'esprits encore sous l'impression de la lutte dans laquelle ils viennent de succomber, et qui semblent chercher dans ce fouillis sanglant leurs corps et leurs armes pour se défendre, ils se retournent contre moi et leurs regards me pénètrent comme un glaive, ils me demandent leur sang, leur vie. Oh ! mon Dieu que je souffre ! ce spectacle me perce l'âme ; je me souviens de cette scène horrible qui me reporte à bien des siècles en arrière, je suis là sous l'enveloppe fluidique d'un homme qui paraît agité par de violents remords, j'éprouve réellement la torture de ma conscience qui me crie sans cesse: « Tu viens de trahir ton pays ! tous ces morts sont » tes victimes, tu les as fait lâchement assassi- » ner ! » Oh ! ma mère, je suis effrayé de l'état dans lequel je me trouve; non, je ne suis plus ton fils, je n'en suis plus digne et pourtant ma poitrine est constellée de croix d'honneur, tandis que mes pieds sont enfoncés dans une boue formée de poussière et de sang. L'ange qui m'accompagne me regarde d'un air de pitié en faisant entendre ces terribles paroles : « Tu vois » le rôle que tu as joué dans ce drame en cédant » à la passion la plus dangereuse : l'ambition. » L'ambition t'a perdu, tu as vendu toutes ces » existences qui t'étaient confiées pour défendre » ta patrie et son honneur ; à la faveur de la » nuit tu as laissé pénétrer l'ennemi dans la place

» et les soldats désarmés, la plupart livrés au
» sommeil, ont été égorgés comme des agneaux,
» pendant qu'à l'abri de cet affreux carnage tu
» comptais avec un souverain étranger le prix de
» ta lâche trahison. Pour obtenir le pardon de
» cette triste existence, il t'a fallu dans le monde
» des esprits, pendant un demi-siècle, immobile
» dans cette boue hideuse, supporter la vue du
» terrible tableau que tu as dans ce moment devant
» les yeux. Jamais, pendant ce temps, une image
» consolante n'est venue distraire tes regards; ja-
» mais la voix d'un ange n'a prononcé des paroles
» d'espoir ; tu as cru être pour toujours dans cet
» enfer de sang, ton intelligence ne pouvait en
» dépasser les limites pour chercher quelque
» repos, quelque consolation ; mais, après cette
» rude épreuve, ces images sinistres se sont
» éloignées peu à peu pour se fixer dans les bas-
» fonds où sont consignées les actions réprou-
» vées de Dieu, les chutes et les faiblesses de
» l'homme. Cette peinture est empreinte sur ton
» livre de vie que le temps ne pourra ni dé-
» truire, ni altérer, tes remords l'ont burinée
» sur des fluides éternels. »

— O mon guide ! comment l'âme peut-elle
supporter pendant un demi-siècle un pareil spectacle ! Je ne puis déjà calculer le temps qui s'est

écoulé depuis que je subis momentanément cette épreuve. Mais ta présence me rassure, les rayons qui t'environnent m'éclairent dans cette nuit affreuse, au lieu que je n'avais, pendant mon expiation, que la lueur blafarde des flambeaux éclairant ces hommes dévoués qui ensevelissaient les morts et pansaient les blessés.

— L'âme est immortelle, reprit l'ange, elle peut résister à toutes les souffrances, la mort ne lui peut rien. Lorsqu'elle est emprisonnée dans le corps, elle le mine si elle a des remords; mais, dégagée, elle peut endurer autant de maux qu'elle peut supporter de bonheur; elle est à l'épreuve de tous les éléments; le temps, pour elle, n'a plus de marques, il plane sombre et silencieux au-dessus des coupables. Dieu ne donne pour eux aucun signe de son existence, tout est retiré, l'esprit de la prière seul attend au-delà de ces hautes murailles qui séparent l'âme de la paix et du bonheur, comme le corps la sépare du monde spirituel.

— O mon guide! dis-moi ce qu'il faut faire pour ceux qui subissent de telles expiations, conduis-moi auprès d'eux afin de leur apporter la première lueur d'espérance. Quel bonheur j'éprouverais en voyant se dissiper les visions effrayantes qui rappellent leurs crimes! je voudrais jeter le cri de délivrance à travers les murs de leur obscure prison et pénétrer toute la grandeur de leurs remords.

— Notre pélerinage n'est pas encore terminé, dit l'ange ; tu oubliais en ce moment que tu es encore lié à la terre ; il faut nous hâter d'y revenir, parce que les émotions que tu as éprouvées useraient bien vite les liens qui t'y fixent ; nous avons encore beaucoup de choses à visiter. Toutes les existences que tu as accomplies se présenteront à toi sous l'aspect le plus poignant, avec les faits principaux qui auront décidé de l'importance de chaque incarnation. Tu verras avec quelle lenteur les mortels atteignent le degré de bonheur spirituel ; tu calculeras les difficultés qui encombrent la route du ciel ; tu pourras comprendre, par ce voyage à la recherche de la vérité, combien Dieu est sage et miséricordieux en laissant à ses enfants le temps d'arriver à lui par des voies différentes ; la patrie céleste est infinie et ouverte à tous, on est sûr que tous les chemins y conduisent.

— Je me sens déchargé de cette iniquité, elle était venue comme un cauchemar pénible m'étreindre de ses étouffements ; je respire maintenant en retrouvant le calme de ma conscience, je sens que cette existence est pardonnée ; l'horreur que j'éprouve du mal me fait espérer qu'il ne m'aura plus pour victime. Quel enfantement pour l'âme que de repousser ses mauvais instincts ! mon esprit est régénéré maintenant par l'expiation . . . .

O ma mère ! me voici enfin près de toi, brisé de fatigue ; plus tard je me livrerai encore avec mon guide à les recherches minutieuses dans les archives de mon passé pour y trouver les débris de l'héritage que Dieu m'avait confié et que j'ai follement dissipé. Je serais heureux si je retrouvais dans chaque existence une qualité acquise par l'expérience et quelques bonnes actions pour effacer les traces de mon erreur.

— Mon fils, il me semble que les créatures me sont doublement chères depuis que je connais tous les combats que l'âme a à soutenir pour atteindre la perfection, et je crois que la famille serait plus étroitement unie par l'intérêt que l'on prendrait à voir l'honneur et la vertu régner au milieu de ceux que l'on aime, que si on ne la voyait vivre qu'au sein du bien-être. Il y a dans le cœur maternel un instinct qui ne le trompe pas, c'est l'importance de l'éducation de l'enfant. La mère cherche, épie avec un vif intérêt la première étincelle de l'intelligence qui met à jour les aptitudes de l'âme, soit les qualités de ses enfants, sur lesquelles elle fonde d'avance toutes ses espérances en vue de leur bonheur, soit les défauts qu'elle remarque en même temps et qui égarent son jugement; elle croit en trouver la cause dans le sang qui coule dans leurs veines comme un héritage de la famille, tandis qu'ils ne sont qu'une inconsciente réminiscence des existences antérieures. La famille doit être considérée comme un puissant levier qui seconde l'esprit en l'élevant vers les saintes aspirations, en ramenant sans cesse dans la voie du bien les pauvres égarés par les mauvais instincts, instincts toujours funestes s'il n'y avait des guides visibles et invisibles pour les retenir au bord de l'abîme.

CHAPITRE XII

Ludovic découvre une seconde existence. — Le laboureur. — Réminiscence inconsciente de la vie militaire. — Impuissance causée par la position sociale. — Le laboureur dans le monde des esprits.

— Je suis prêt, mon ange, lorsque ta voix m'appelle ; j'attends avec anxiété l'heure qui doit me révéler le secret de ma seconde existence, et, comme pour le voyageur qui, après une bonne nuit, doit reprendre sa course au lever du soleil, le repos que j'ai pris m'a donné de nouvelles forces pour continuer la mienne.

— Tu sembles avoir l'intuition de notre nouvelle excursion, oui ; pour celle-ci, il faut se lever matin, il faut arriver au travail avant l'aurore, pendant que la rosée couvre encore le sol. Que la terre est belle à cette heure ! vois, nous sommes arrivés, ce n'est plus ce champ de bataille jonché de morts et couvert de sang ; il fallait, pour reposer tes regards fatigués de ce sinistre tableau, la vue et la vie des champs. Regarde ce paysage enchanté ! l'orient se teint des nuances de l'aurore ; les oiseaux s'éveillent sous le feuillage humide et l'insecte bruit sous l'herbe ; tout semble renaître à la vie et chercher à la conserver. Vois cette eau limpide où se désaltère le riche troupeau avant de se rendre dans son gras pâturage ; plus loin, les bœufs liés au joug, attendant patiemment le laboureur qui s'avance ; le fer de la charrue est déjà engagé dans le sol pour le préparer de nouveau à produire. Vois aussi ces riches côteaux couverts de vignes et ces vastes plaines où jaunissent les épis du plus beau froment. Tout est calme, tout respire le bonheur dans ce concert de la nature. Le soleil paraît enfin et dore tout ce qu'il rencontre ; sa chaleur, douce d'abord, essuie les fleurs humides ; aucun bruit, aucun blasphème n'est venu troubler encore cette paix du matin ; l'homme des champs doit sentir son âme attendrie devant cette scène touchante : il y a là quelque chose qui nous rappelle à nous, esprits, les douces impressions de notre belle patrie.

— D'où vient, Ludovic, cet air troublé et anxieux qui te transforme en ce moment? Tu sembles vouloir t'approcher de cette charrue, t'apprêter à tracer des sillons en frappant rudement ces animaux soumis qui te servent pour prix de leur nourriture ; des blasphèmes sortent de ta bouche, ta physionomie est empreinte d'une expression sombre, et même brutale. Dis-moi ce que tu ressens.

— Eh bien ! pendant que tout est calme autour de nous, je sens naître en moi une tempête affreuse, les passions qui m'avaient déjà possédé avant mon expiation d'un demi-siècle de remords viennent de se ranimer, tout ce qui m'entoure m'excite à la colère, je ne vois pas comme tout le monde : l'orgueil m'aveugle, ma raison s'appuie non sur la justice, mais sur une volonté égoïste, mon esprit de domination souffre de cette position humble et ignorée qui me laisse dans l'oubli. Oh ! comme les souvenirs viennent se presser dans ma mémoire ! je les vois passer devant moi avec leurs moindres détails. Avant de choisir cette humble existence du laboureur j'errais dans l'espace avec crainte et timidité comme un forçat libéré qui cherche à se fixer loin des lieux où se sont commis ses méfaits. De même mon esprit fuyait les rencontres, si fréquentes dans l'espace, des êtres qui pouvaient me connaître ; cependant je m'instruisais, j'apprenais à réprimer mes mauvais penchants, de bons esprits me donnaient des conseils ; puis, lorsque je me crus assez fort pour vaincre complétement, je songeai à choisir une honnête famille où je pusse renaître. Pourtant je doutais encore de moi-même, je savais que la chair est une entrave aux bonnes résolutions lorsque les vices sont trop enracinés ; j'avais demandé le séjour paisible de la campagne, afin de ne pas donner à mes passions un nouvel aliment, au contact des intrigues du monde et des richesses. J'avais choisi cette charmante contrée, où la nature avait prodigué ses bienfaits ; j'avais vu, en sortant de ma prison de remords, cette matinée délicieuse, ces fleurs, ces ruisseaux ; j'avais entendu le chant des oiseaux ; mon esprit avait besoin de ce calme et il se transportait sous cet humble toit que voilait cet épais feuillage. Là deux braves paysans vivaient paisiblement de leur travail, ils n'avaient point d'ambition, la paix la plus parfaite régnait dans cette famille peu nombreuse encore ; ils n'avaient qu'un enfant, une petite fille éclatante de fraîcheur et de santé, combien j'aimais à la voir ! je la nommais déjà ma sœur et j'aspirai au moment où je pourrais m'incarner au milieu de cette sainte famille. Enfin le moment arriva, j'en fus prévenu par un esprit qui, après m'avoir donné les bons conseils nécessaires et après avoir prié avec moi me quitta. J'éprouvai alors un trouble indéfinissable semblable à celui d'un mourant, ma mémoire s'affaiblit peu à peu et ma raison devint chancelante. Je ne cherchai plus à m'éloigner de la famille que j'avais choisie, mon corps se formait dans le sein de celle qui devait être ma mère ; elle subissait l'affection morale de mon âme, une morne tristesse l'enveloppait, elle avait des pensées étranges dont elle ne se rendait pas compte, elle ignorait complètement qu'un esprit triste et inquiet en s'incarnant, transmet à sa mère ses impressions et l'inspire à son insu. Mon trouble augmentait à mesure que le moment approchait où j'allais rentrer dans la vie des mortels, je perdais le souvenir, mes facultés intellectuelles étaient endormies. Un jour enfin mon esprit fut éveillé de son assoupissement par de cruelles souffrances, j'assistai à la naissance de mon corps, mon âme l'entourait, le pénétrait et il me semblait qu'un feu dévorant le consumait ; je me trouvai dans un état particulier, je fis des efforts inouïs pour prendre possession des sens de ce petit corps, ma voix se fit entendre; ce fut là ma première manifestation. J'éprouvai aussitôt des besoins matériels ; je savais que je vivais, mais de quelle vie ! Ma bouche entr'ouverte et ma tête penchée tantôt à droite, tantôt à gauche, indiquaient que je cherchais déjà le sein qui devait me nourrir, c'était l'instinct qui est adhérent à tout ce qui a la vie, qui faisait son apparition. Les animaux le possèdent à un plus haut degré que l'homme, parce que sans cette inspiration élémentaire ils ne sauraient se suffire à eux-mêmes. L'homme a une autre vie à alimenter plus tard, c'est celle de l'esprit, et ce n'est que lorsque le corps est bien fortifié par l'action de l'instinct que l'intelligence sort de son engourdissement. Je l'ai subi ce réveil, il a été brusque et a effrayé ma mère ; mon arrogance l'a fait bien souffrir et combien de fois ai-je provoqué les larmes de ma jeune sœur par de sournoises méchancetés. Ma jeunesse a été très-orageuse. Aussitôt que mon âge le permit je m'engageai dans l'état militaire. Là plus qu'ailleurs mon caractère violent trouva l'occasion de se livrer aux querelles et aux emportements, je ne pouvais me soumettre à mes chefs, et les punitions que me valait mon inconduite ne faisaient qu'augmenter ma haine contre mes supérieurs. Quelques années après, je revins chez mes parents et je continuai le travail de mon père qui était âgé et souffrant ;

j'épousai une jeune fille dont les précieuses qualités furent souvent mises à l'épreuve. Je n'avais plus de soldats à commander ni à instruire, ni ce fier étalage, ni ces flatteries qui me permettaient d'exercer si librement mon despotisme ; j'étais forcément réduit aux soins de la famille et c'est elle qui subissait tous les effets de mes imperfections. Ma femme et mes enfants tremblaient à mon approche, je traitais mes serviteurs comme des esclaves, et les animaux domestiques n'étaient que trop souvent les victimes de mes sourdes colères. En rapprochant ces deux incarnations, celle du militaire et celle du laboureur, je me crois moins mauvais dans cette dernière parce que je suis moins puissant.

Quel feu faut-il donc, ô mon Dieu, pour consumer le mal ? Encore une existence inutile !

Après cette vie si peu en rapport avec mes promesses, j'ai passé bien des années dans le monde des esprits ; je ne voyais plus ce beau paysage, il s'était transformé en une terre ingrate et aride que je devais cultiver. J'avais autour de moi des serviteurs insoumis qui se riaient de mes ordres, et des animaux qui paraissaient insensibles aux coups dont je croyais les accabler.

Si tu n'as pas progressé dans cette incarnation,

dit l'ange, tu as cependant trouvé, dans le monde des esprits, les fruits de tes bonnes résolutions; tu avais demandé une existence humble et obscure parce que tu te défiais de tes forces, et par ce moyen tu avais mis un frein à tes passions, et l'irritabilité de ton caractère était la conséquence des obstacles qu'elles rencontraient. Tu étais donc revenu très-mécontent; ton cœur était froid, il n'avait rien aimé, aucune pensée sympathique ne venait de la terre pour te consoler, on t'oubliait comme on oublie l'égoïste; c'est alors que ta conscience a formé autour de toi ce champ aride, ces serviteurs insoumis et ces animaux insensibles à tes mauvais traitements.

— Pauvre Ludovic, comme tu as souffert! dit Mme Marcel. Et d'abondantes larmes vinrent inonder son visage; il lui semblait qu'elle éprouvait toutes les tortures qu'avait endurées son fils bien-aimé avant d'avoir atteint le degré d'abnégation et de douceur qui le caractérisait maintenant.

CHAPITRE XIII

Une troisième existence. — Les dangers de la beauté. — Une fille perdue. — La sécheresse du cœur. — La folle. — Ses visions. — L'expiation.

— Oh ! comme je sens mon cœur se réchauffer et mon intelligence éprouver toutes les voluptés d'une imagination vive et ardente ! Me voilà jeune fille, cherchant dans l'inconnu des chimères et des illusions. A peine sortie de l'adolescence, des passions nouvelles vinrent m'assiéger ; celles-ci, comme les autres, je ne cherchais pas à les éteindre, elles trouvaient, au contraire, un élément dans des flatteries que l'on me prodiguait. Je m'épris d'abord des charmes de ma beauté ; ce cœur égoïste qui n'avait jamais aimé devait commencer par un sentiment tout personnel. Je fus privée de très-bonne heure de mes parents, et la vieille tante qui prenait soin de moi, n'ayant pas assez de perspicacité, ne s'apercevait pas de mes précoces coquetteries, je me laissais glisser mollement sur cette pente rapide de l'inconséquence qui conduit si souvent de pauvres créatures dans l'abîme de la prostitution. Je me vois à la fleur de l'âge où la femme a atteint l'apogée de la grâce et de la beauté ; des adorateurs se pressaient autour de moi, je me laissais aimer, et lorsqu'on se ruinait pour satisfaire mes caprices, j'éprouvais une froideur de marbre pour le malheureux insensé qui m'aimait réellement, cette affection sentimentale me faisait sourire de pitié et, s'il avait pu lire au-dedans de mon cœur les pensées étroites qui le paralysaient, il aurait méprisé ce masque de chair qui cachait tant d'imperfections. Je fus deux fois mère, mais j'éloignai aussitôt ces petits êtres qui auraient troublé, par les soins qu'ils réclamaient, la vie de débauche que je menais et qui ne pouvait pas s'allier avec les douces abnégations de l'amour maternel ; je voulais être libre de tous liens. Cependant, malgré la froideur de mes sentiments, j'éprouvais une profonde tristesse lorsque de pauvres femmes, avec leurs petits enfants, s'approchaient de moi pour solliciter un secours : je donnais aussitôt, mais il m'était impossible de discerner si le désir de venir en aide à ces infortunées était le mobile de mon intention, ou si ce n'était pas plutôt pour étouffer un remords. La pensée de la vieillesse m'épouvantait, mais j'étais si belle qu'il me semblait impossible qu'elle pût opérer sur moi ses ravages : ce visage que je soignais tant ne devait pas devenir la proie du temps, se flétrir, se sillonner de rides profondes ; ces cheveux d'ébène ne pourraient ni tomber, ni blanchir ; ce corps, parfait d'élégance, et de mate blancheur, ne pourrait pas se courber sous le poids des années. Non, je me disais qu'une femme, telle que moi ne devait pas dépasser l'âge viril, que la mort devait l'arracher à ceux qui l'aimaient encore pour la coucher dans une tombe parfumée sans altérer ses charmes. Malgré les étourdissements de ma vie dissolue, je ne pouvais étouffer une voix intérieure qui me criait : « Tu as un cœur de femme pour aimer Dieu et la famille et tu le prostitues aux plus viles passions. » J'étais tellement obsédée par cette voix que pour ne pas l'entendre, je me lançais toujours davantage au milieu des orgies ; je redoutais la solitude et bien qu'idolâtre de ma beauté, j'avais peur d'être en tête-à-tête avec moi, je me fuyais pour ainsi dire comme on fuit devant une ombre menaçante.

Oh ! je comprends maintenant ; c'était la voix de la conscience qui se manifestait pour la première fois, j'avais été touchée par une étincelle de ce feu sacré qui brûle sans éclairer, et qui plus tard éclaire sans brûler. Dans aucune de mes existences, je n'avais entendu la voix de la conscience ni éprouvé les tortures du remords ; souvent des larmes venaient humecter mes paupières, mais elles n'étaient pas assez abondantes pour déborder ; dans mes sommeils agités, toujours deux enfants pauvres, chétifs et contrefaits, se présentaient à moi et me disaient : « Mère, toi qui es riche, donne-nous du pain, donne-nous tes caresses, donne-nous ton amour ; tu nous as abandonnées et nous errons sans but, sans soutien, le froid nous transit ; donne-nous tes chaudes fourrures pour nous couvrir, abrite-nous dans un coin de ta somptueuse demeure. » Ces cauchemars ne faisaient qu'augmenter, et mon caractère, jadis si gai, recevait de nouvelles atteintes ; une surexcitation nerveuse fut la conséquence de cette sorte d'obsession que je me gardai bien de révéler. Ma beauté se ressentit de ce mal intérieur et se flétrit bientôt ; j'eus alors des pensées de désespoir, les amis que j'avais lorsque j'étais heureuse m'abandonnèrent visiblement et je vis la misère s'avancer à grands pas ; enfin, un matin, en sortant d'un rêve affreux, je me mis à pousser des cris terribles, je faisais des contorsions comme si je combattais avec des ennemis invisibles. Les personnes attirées par le bruit déclarèrent que j'étais folle, on me lia et je fus emmenée dans une maison d'aliénés, tous mes triomphes de femme belle et galante expirèrent à la porte de cette sinistre maison. Là, je dus subir un règlement et me soumettre au régime des pauvres pensionnaires ; personne ne paya pour moi, et, dans mes moments de lucidité, je comprenais la chute que je venais de faire. Alors le désespoir exerça tout son empire, je n'eus rien pour m'en préserver, ni la religion, ni l'amour ; je mourus dans ce triste asile, où tant de malheureux achèvent de perdre la raison ou se laissent envahir par une influence occulte ; c'était mon cas, j'étais obsédée par mes songes.

Lorsque j'arrivai dans le monde des esprits, je fus reçue par ces deux enfants qui avaient fait le malheur de ma vie, ils étaient morts de misère et à la suite d'une cruelle maladie causée par l'inconduite de leur mère. Ils m'étaient apparus pendant mon existence comme les instruments de la justice divine, et mon cœur endurci aurait dû s'ouvrir aux premières flèches de la sensibilité ; mais elles dévièrent et ne firent que troubler mes sentiments sans les rendre meilleurs. Le calme se fit en moi pour me donner le temps de me reconnaître, j'envisageai ma position, je compris mon erreur : j'avais demandé à naître daus le corps d'une femme, pensant me défaire plus facilement de mon despotisme, et je me disais : « J'aurai un maître qui me dominera, des enfants qui auront besoin de mon amour et je serai meilleure. Mais encore là j'ai faibli : sous le masque de la chair, j'étais femme, et les hommes se traînaient à mes pieds comme des esclaves, j'ai abandonné mes enfants, je les ai méconnus ; je n'ai aimé que les charmes que la nature m'avait prodigués. Cette voix intérieure qui se faisait entendre pendant que j'étais sur la terre m'a parlé de nouveau, elle a retenti dans tout mon être comme la foudre sur le Sinaï : Tu n'as aimé que ton corps, me dit-elle, eh bien ! retourne près de lui jusqu'à ce qu'il soit réduit en poussière. Je n'entendis plus rien et je me trouvai aussitôt dans un cimetière, l'esprit penché sur une fosse commune où je découvris ce corps que j'avais tant soigné, il était tout bouffi par l'humidité de la terre et couvert de taches violacées ; dans ma bouche entr'ouverte les vers commençaient leur œuvre de destruction, une odeur nauséabonde m'entourait. Ce tableau m'effraya, je voulus fuir, mais je ne le pus. J'ai donc suivi tous les degrés de la décomposition de mon corps, j'ai vu ces myriades de créations spontanées que la chair en putréfaction fait éclore, j'ai vu jusqu'au dernier lambeau se détacher de mes os, il a fallu pour cela pénétrer au travers de tous les corps qui étaient jonchés sur le mien. Quelle terrible expiation !

— Oui, bien terrible, dit l'ange ; mais elle te met au rang des éprouvés, parce que tu as souffert physiquement et moralement ; tu as été humiliée, tu as enduré les tortures du mépris et de l'abandon, mais ta conscience a parlé, c'est que l'âme s'est réveillée dans la chair et qu'elle ne se laissera plus dominer par les passions, si elle écoute cette voix et apprend à se vaincre soi-même. C'est pour cela que plus l'âme progresse, plus elle rencontre aussi douleurs et déceptions.

CHAPITRE XIV

Quatrième existence. — La petite mendiante. — Ses souffrances et ses difformités. — Son séjour à l'hospice. — La misère a des attraits. — La vieille fille. — Sa mort. — Une rencontre dans le monde des esprits.

— Viens, Ludovic, continua l'ange dans cette grande cité que tu vois là-bas et dont on entend déjà les sourdes rumeurs, c'est là que tu as mené cette vie dépravée, et c'est là aussi que tu as demandé à venir pour réparer, par une existence triste et misérable, les scandales et les désordres de ta précédente incarnation.

Aussitôt Ludovic éprouva une sensation étrange et commença par proférer des plaintes amères et même douloureuses.

— Qu'ai-je donc fait à Dieu pour qu'il me fasse

tant souffrir ! Oh ! je comprends maintenant, c'est encore la cruelle répétition d'une existence infructueuse. J'ai langui depuis mon enfance, ma mémoire n'a conservé aucun souvenir d'un jour de bonheur. J'ai mendié avec une femme qui en faisait métier en compagnie de plusieurs mégères, elles se prêtaient des enfants qu'elles avaient sans doute ravis à la tendresse de leurs mères. On nous faisait endurer des tortures inouies afin que nous pussions inspirer de la pitié ; nos membres étaient comprimés par un instrument grossier qui leur donnait une direction contraire à celle de la nature ; de vils repaires nous servaient d'asile et nous étions confondus comme un troupeau immonde sur de la paille humide et sale où on nous distribuait une nourriture insuffisante qui devait nous entretenir dans notre misérable état de langueur. Nous étions pauvres enfants, sans défense contre les persécutions, n'ayant aucune expérience de la vie. Mon cœur ne s'ouvrait à aucune coupable envie sur les personnes qui me faisaient l'aumône : je les regardais comme des êtres à part. Les mauvais traitements me rendaient indifférente à la vie et à tout sentiment intime de mon âme, je ne cherchais qu'un peu de repos au milieu de mes souffrances. Ce fut ainsi que je vécus jusqu'à l'âge de douze ans, couverte de plaies que le manque de soins et de propreté rendait infectes, ce qui faisait que je marchais bien difficilement ; mes épaules qui formaient saillie, emboîtaient ma tête et l'empêchaient de faire aucun mouvement.

Ah ! si j'avais été reconnue pour cette femme à la mode qui avait eu une si grande réputation de beauté et d'élégance, quelle stupéfaction pour ceux qui s'en étaient fait une idole !... Ma triste position inspira la compassion d'une âme charitable, elle fit les démarches nécessaires, et je fus admise dans un orphelinat. La femme qui me conduisait chaque matin sur les marches d'une église pour exploiter la pitié des passants, se garda bien de venir me réclamer. Je me trouvai donc bien heureuse de ce changement inattendu, j'étais à l'abri des intempéries et des mauvais traitements, j'avais une nourriture saine et régulière ; mais ma nature inculte ne voulait pas se plier aux exigences de la civilisation ; l'inaction dans laquelle j'avais vécu me rendait toute occupation désagréable, la couture était le seul travail que je pouvais faire sans trop souffrir ; mais j'avais si peu de goût et de désir d'apprendre que je m'attirais des reproches continuels. Plus tard, cette vie régulière et monotone ne convint plus à mon caractère, je me pris à regretter cette existence nomade de mon enfance où je pouvais laisser aller mon esprit à l'inertie et à la mollesse; mes plaies étaient guéries. Je ne gardais plus que mes difformités, ma figure était repoussante de laideur jointe à un caractère revêche et ingrat; je me rendais insupportable aux personnes avec lesquelles je vivais. Enfin, après quelques années passées dans cette maison, j'en sortis pensant être libre et gagner ma vie sans trop travailler, c'était surtout la chose essentielle pour moi; j'amassai quelques sous, juste assez pour couvrir un petit éventaire de marchandises de minime valeur, qui était plutôt un prétexte à la mendicité qu'un moyen de réaliser un légitime gain. Je m'établissais près d'une église ou à l'entrée d'un pont, et lorsque venait le soir, je montais dans un pauvre réduit que l'on me prêtait par charité.

J'ai vécu ainsi jusqu'à l'âge de quarante huit ans sans avoir joui d'aucune affaction; la mort vint me frapper, je ne fus découverte que par l'odeur que mon corps exhalait; il y avait cinq jours que je n'étais plus et, encore une fois, la fosse commune me servit de sépulture.

Mon esprit resta longtemps dans le trouble, il me semblait que je sommeillais au milieu de songes pénibles où toutes les phases de mon existence se déroulaient ; aucune de mes souffrances ne fut supprimée, afin qu'elles s'imprimassent mieux dans ma mémoire. Ce trouble dura un an, après quoi je fus éveillée doucement par un esprit qui me dit avoir été ma mère dans l'existence que je venais de terminer ; elle avait épuisé sa vie à me chercher, je lui avais été enlevée par des mendiants et jamais elle ne parvint à trouver les traces de mes ravisseurs. Lorsque le chagrin eut usé complétement sa vie, sa préoccupation dans le monde des esprits fut de continuer ses recherches : cette âme dévouée ne voulut pas se livrer au bonheur que son avancement spirituel devait lui procurer, sans avoir cherché de nouveau sur la terre le lieu que j'habitais. Elle me découvrit lorsque j'étais, à bout de forces, à tendre la main aux passants généreux. C'est elle qui avait inspiré cette personne charitable pour me faire entrer dans cet hospice, sa sollicitude m'entoura de tout l'amour qu'aucune créature ne m'avait fait éprouver, elle sentait le besoin que j'avais de progresser.

— « Mon enfant, me dit-elle, les existences sont presque toujours nulles lorsqu'elles n'ont pas laissé derrière elles de bonnes actions servant d'exemple à ceux qui vous ont connus. Tes difformités ne t'ont pas permis d'avoir de l'ambition ; mais un autre défaut l'a remplacée : c'est la paresse ; elle n'était pas innée en toi, tu as été découragée et surtout mal dirigée, ton orgueil en a éprouvé une sorte de dépit. Tu as donc besoin, mon enfant, de cette activité intellectuelle qui rend industrieux, qui nous fait trouver les ressources nécessaires pour avancer rapidement dans la voie du bien ; tu goûteras la paix de l'âme, la consolation dans les épreuves et tu auras le courage de les surmonter ; ton cœur connaîtra alors les premières douceurs de l'amour de Dieu et du prochain, et tu seras heureuse du bonheur que tu répandras autour de toi. »

Je suivis ensuite cette mère dévouée au milieu d'une grande quantité d'esprits qui avaient pour mission d'instruire les ignorants et les égarés ; là mes yeux se sont ouverts à la lumière, mais plus on est initié aux secrets de la vie de l'esprit, plus aussi on redoute de revenir sur la terre où l'on oublie si promptement la ligne de conduite que l'on s'est tracée.

Un jour ma mère m'arracha à cette vie calme où je goûtais tant de délices.

— « Retourne sur la terre, dit-elle, je serai ton guide, j'éveillerai les nobles sentiments qui t'animent en ce moment, fortifie-toi bien contre les piéges qui te seront tendus ; maintenant tu connais Dieu, tu l'aimes, il sera ta force, ton espoir. »

O mon fils ! s'écria Mme Marcel, quelle lumière tu apportes de ce monde inconnu où nous avons tous joué un rôle si important pour notre avenir ! Le courage ne peut plus manquer à ceux qui connaissent ces grandes vérités ; les épreuves que nous subissons ont été choisies par nous, nos murmures doivent donc cesser devant cette justice suprême qui nous frappe avec une main que notre conscience dirige.

CHAPITRE XV

Cinquième existence. — Le jeune prêtre. — Ses luttes intérieures. — Sa mort. — Retour dans le monde des esprits.

— Te voilà prêtre, dit l'ange, l'enthousiasme s'est éveillé dans ton âme, tu as cru trouver dans cette vocation le bonheur parfait ; les entraves et les piéges ne devaient pas, selon toi, se rencontrer sur cette route gardée avec tant de savantes précautions. Dis-moi, quels ont été les fruits de cette nouvelle existence ? Ne crains pas de lire dans le grand livre du passé, cela fortifie pour l'avenir. Si tu as encore failli, ne te décourage pas : ne sommes-nous pas meilleurs dans le monde des esprits que sur la terre ? C'est pour cela que parmi les mortels il y a tant d'anges déchus.

— Hélas ! que te dirai-je, mon guide ? encore dans cette nouvelle incarnation, j'avais trop compté sur mes forces ; mes ailes n'étaient pas assez larges pour me permettre de prendre mon essor au-dessus des misères de la vie. J'ai éprouvé pour la première fois l'amour du bien, et ce sentiment si noble en a éveillé un autre : c'était le besoin d'aimer, mais d'un amour pur. Autrefois, j'avais connu les passions dépravées, jamais l'amour. J'ai ressenti tous les traits brûlants de la convoitise qui sont d'autant plus persistants qu'on n'a point d'espoir de la satisfaire ; j'ai écouté, le cœur brisé par les tortures les plus cruelles, les confidences que mon ministère m'imposait ; j'entends encore ces mille voix de jeunes filles qui venaient se jeter à mes pieds pour obtenir le pardon de leurs égarements. Comme des démons pleins de pudeur elles étalaient à mes yeux tous les charmes de la séduction, et, comme des anges de pureté, elles ignoraient que le prêtre était un homme ; elles frappaient, frappaient sans pitié mon âme avec des flèches empoisonnées. Nous avons, me disaient-elles, des pensées étranges et des désirs nouveaux ; les caresses de nos mères ne nous suffisent plus, la prière expire sur nos lèvres et notre sommeil nous apporte des songes délicieux ; tout se montre à nous sous un aspect séduisant et le mot *amour* murmure doucement à nos oreilles, nous aimons et éprouvons le besoin d'être aimées. Et ces jeunes filles s'éloignaient absoutes, entraînant avec elles toute mon é   ie. Elles revenaient souvent avec les mêmes pensées, les mêmes rêves, et chaque fois elles déversaient dans mon cœur de nouvelles douleurs ; je restais anéanti, j'évoquais le doux souvenir de leurs regards et leurs paroles faisaient sans cesse écho dans mon âme. J'aimais ce mal, je ne cherchais pas à le guérir, il absorbait toute mon intelligence et me faisait négliger les devoirs essentiels de mon ministère ; j'éprouvais une sorte de répugnance à visiter les pauvres et les malades. Aux premiers je me contentais de donner quelques secours matériels sans les accompagner d'une parole d'encouragement, et les malades n'éprouvaient pas en ma présence la résignation dans leurs souffrances, et le détachement de la vie lorsqu'ils étaient mourants. Mon imagination était toujours en voyage, emportant avec elle toutes mes pensées ; j'écoutais avec distraction ce que l'on me disait, et je répondais laconiquement sans être bien sûr de parler juste. La prédication me plaisait mieux, j'abordais toujours des sujets en rapport avec l'état de mon âme, je savais mettre à découvert les replis les plus cachés du cœur humain, je mettais à jour les pensées, les faiblesses de tous, je cherchais pour eux un bonheur que je faisais naître par de brillantes images ; mes comparaisons, mes allégories enchantaient mes auditeurs, j'épanchais ainsi toute l'amertume de mon cœur et je me trouvais, par là, soulagé de cette contrainte que je devais garder dans le milieu où je vivais. Mes prédications m'attiraient un grand nombre de personnes avides de me confier leurs sentiments intimes, elles me demandaient des conseils, pensant qu'un médecin qui sait si bien trouver le mal doit aussi connaître le remède qui guérit ; mais elles ignoraient que, moi aussi, je souffrais de ce mal qui afflige les trois quarts de l'humanité et qui ne trouve un peu de soulagement que dans la rencontre d'un être idéal que l'on cherche toujours et qui répond si rarement à votre appel. Mais je vois maintenant que ces rêves de la terre ont été des réalités dans le monde des esprits : c'est là que l'on commence à aimer; là des âmes sympathiques s'unissent par les liens les plus doux, non pas, comme les mortels, par des attraits tout sensuels, mais par une

7

parfaite harmonie de sentiments. Lorsque ces âmes vont prendre de nouveau un corps pour mieux se soutenir dans le cours de cette existence terrestre où elles doivent marcher ensemble, elles se jurent une mutuelle et sincère amitié sur laquelle elles comptent pour se retrouver lorsque le moment sera venu, car elles n'ignorent pas que la mémoire s'efface sous le manteau de la chair. C'est ce qui explique cette mélancolie qui courbe tant de beaux fronts, fane tant de jeunes cœurs et renferme dans une discrète poésie tous les sentiments d'une égoïste réserve : l'on devient insensible et étranger à l'adversité, l'on se plait avec ceux qui rêvent et qui cherchent au-delà des rapports matériels, on espère, on attend. Mais le hasard n'est pour rien dans ces rencontres inattendues où une attraction indicible vous dévoile cet être mystérieux qui absorbait tous vos rêves et que vous attendiez instinctivement sans comprendre d'où venait cette inspiration si profondément empreinte dans votre esprit, les événements concourent avec les destinées pour ces sortes de rapprochements ; mais bien souvent ils sont entravés par l'agitation que l'on se donne en cherchant le bonheur matériel par des calculs égoïstes. Combien l'on s'éviterait d'épreuves et de déceptions, si l'on était plus confiant et si l'on

ne forçait pas la destinée à dévier de sa route!
ce que moi j'ai fait, hélas!

L'étude me plaisait parce qu'elle développait en moi des facultés en rapport avec mes conceptions poétiques ; mais il m'eût été impossible de me livrer à un travail manuel, mon esprit était trop absorbé pour s'y appliquer, et lorsque je connus les séductions qui accompagnaient ma carrière, il était trop tard pour y renoncer.

Un jour j'ai rencontré cette âme, sœur de la mienne, elle est venue aussi me demander le pardon, mais sa voix était tremblante et son esprit éprouvait un trouble qui me gagna aussitôt : nos cœurs venaient de se reconnaître. Notre premier regard renfermait toute une révélation ; le souffle de cette femme a effleuré mon visage, il a été pour moi le souffle de la mort, et pourtant elle ne m'avait dit que ce mot que j'avais entendu si souvent : « *J'aime,* » et une subite rougeur avait coloré son visage, et deux larmes brûlantes avaient brillé dans ses yeux.

De quel mystère, ô mon Dieu! tu entoures notre pauvre humanité !... Cette jeune fille que j'ai aimée subitement, sans me rendre compte d'où venait cet amour, cet ange qui est venu me dire : « *J'aime,* » était cette mère dévouée de ma dernière incarnation. Elle aussi avait repris un corps, elle devait être mon épouse pour semer de fleurs le chemin de mon existence et s'attacher plus directement à moi dans cette seconde phase de la vie où la mère perd une si grande partie de son influence sur ses enfants. Que ce dévouement est grand et digne de toute notre vénération et comme j'étonnerais, en le révélant, ceux qui ne comprennent pas la nature des esprits ! Lorsqu'une âme quitte la terre, elle y laisse tout ce qui est matière, et cet esprit, rajeuni moralement, n'a plus d'âge, n'a plus d'infirmités ; on ne peut juger si la mort est venue frapper un vieillard ou un enfant. Cette même âme peut donc reprendre à son gré un nouveau corps sans garder aucun souvenir, aucune trace du passé si ce n'est un amour pur et désintéressé, qui reste gravé en elle. Une mère et une épouse ne sont-elles pas des anges visibles qui veillent sur le genre humain !

J'aimais cette jeune fille, mais d'un amour exempt de passions, ses sentiments étaient les mêmes pour moi. Oh ! que de doux moments nous avons passés à nous entretenir des choses célestes ! Ce n'étaient plus des péchés qui venaient frapper mon oreille à travers cette grille du confessionnal, mais une douce harmonie pour adoucir mon cœur découragé. Comme elle était ingénieuse pour détourner les regrets dont mon âme était obsédée, lorsque je maudissais les liens qui me fixaient au célibat ! Elle m'inspirait des pensées sublimes sur notre avenir spirituel ; mes prières étaient plus ferventes et je sentais que je devenais meilleur ; notre amitié prenait tous les jours une plus sainte intimité, nous déplorions ensemble les erreurs et les égarements de ceux qui doivent donner la nourriture aux âmes et cultiver leur intelligence, et nous rêvions, pour un avenir encore bien éloigné, une religion plus libre, dépouillée des langes qui la serrent si douloureusement en comprimant son sein maternel : « Ses enfants souffrent, me disait-elle, ils ont faim et soif de la vérité ; ils désirent une lumière plus vive ; ils demandent avec ardeur de connaitre plus complétement leurs futures destinées. » Mais ce raisonnement me semblait rétrécir le cercle autour duquel je tournais : si nos causeries donnaient du calme à mon cœur, elles exaltaient vivement mon esprit, nous parlions avec enthousiasme de ce monde spirituel où nous espérions nous unir pour ne plus nous quitter ; mais le moment qui me séparait de ce bonheur me paraissait bien éloigné et l'impossibilité de mettre au jour mes idées nouvelles me rendait malheureux. La vie me devint à charge, et cet amour que je voulais conserver pur m'occasionna beaucoup de combats intérieurs où d'anciennes passions cherchaient à revendiquer leurs droits. Je reconnus alors que si le bonheur n'est pas complet, il devient une rude épreuve. Ma santé ne put soutenir longtemps cette lutte et une longue maladie me priva de la présence de mon amie, ce qui aggrava mon état. La mort vint enfin me délivrer de mes cruelles souffrances ; mais je n'ai pas trouvé dans le monde des esprits toutes les satisfactions que j'avais rêvées, j'étais dans l'isolement et l'inaction ; celle que j'aimais était encore sur la terre, plus pure que moi, elle n'avait pas à endurer les luttes intérieures auxquelles j'avais succombé; quoiqu'elle fût vivement affligée de ma mort, son courage ne subit aucune altération, elle profitait de ses tristesses et de ses douleurs pour mieux compatir à celles de son prochain, elle consacrait sa vie à faire le bien ; les prières qu'elle adressait à Dieu pour moi étaient la seule satisfaction que je goûtais ; je la voyais sur la terre toujours active, se faisant une famille de pauvres et de malades. Lorsqu'elle regardait le ciel, je lisais dans ses yeux la résignation la plus parfaite, tandis qu'à l'état d'esprit je l'attendais à ce rendez-vous avec la plus vive impatience. Que j'ai souffert de cette attente !

Elle ne cessa que lorsque cet ange quitta la terre pour goûter le bonheur que ses bonnes actions lui avaient préparé ; elle vint directement à moi et elle fut ma délivrance. Je ne songeai plus alors qu'à m'enivrer d'une joie sans mélange, je m'attachai étroitement à elle et je cherchai à m'éloigner promptement des lieux où je l'avais attendue si longtemps, mais elle m'arrêta..... Ici, me dit-elle avec un regard plein de douceur, je redeviens ta mère, puisque je n'ai pu être ton épouse ; tu as bien souffert, mon pauvre enfant, mais prends courage, viens attendre auprès de moi que ton âme se fortifie et nous pourrons ensuite redescendre ensemble sur la terre. Tes dernières souffrances ont été sans profit pour ton avancement, parce que tu as trop présumé de tes forces en embrassant la vocation religieuse, ton âme a fléchi en écoutant l'aveu des faiblesses d'autrui et tu t'es cru assez fort pour les relever. C'est la dernière épreuve terrestre qu'un esprit devrait choisir, parce qu'alors toutes ses passions seraient éteintes et que ses vertus seraient éveillées ; il faut prêcher par l'exemple autant que par la parole et avoir pour cela le courage et le désintéressement. Le courage ! comme il est admiré, lorsque sur la terre un homme dans un élan spontané expose sa vie pour sauver celle d'un inconnu ! Mais combien est encore plus digne d'éloges celui qui, dans une longue existence, fait à la société le sacrifice non-seulement de sa vie, mais de tout ce qu'il possède d'éléments généreux, souvent au détriment de sa tranquillité personnelle, affrontant les injures, faisant le bien sans compter sur ce retour bien légitime, « la reconnaissance, » et arrivant ainsi au terme de sa carrière où il sent avoir atteint le degré suprême qui indique que l'esprit a dominé la chair.

— Je m'attachais à ce guide, pour lequel je n'éprouvais plus d'autre sentiment qu'un profond amour filial. J'ai passé encore bien des années au milieu des nombreux esprits qui se dévouent à préparer les âmes faibles pour de nouvelles luttes, et enfin, je vois maintenant que ce pénible pèlerinage est achevé, je deviens Ludovic Marcel, et cet ange a tenu sa parole, c'était Marie...... Elle a été mon épouse. Les événements qui nous ont rapprochés n'ont pas été entravés. notre destinée s'est accomplie sans effort, au milieu des épreuves les plus cruelles ; l'attachement que j'avais pour elle était si grand que mon courage et ma vie diminuaient à mesure que le moment de notre séparation approchait. Maintenant, ô ma mère, tu sais tout!....

Je suis accablé de fatigue, les émotions que j'ai ressenties dans les révélations que je viens de te faire me font craindre que tout ne soit pas fini et que j'aurai encore d'autres incarnations à subir, bien pénibles sans doute, mais qui m'affermiront dans une forte volonté qui me mettra au-dessus des misères de la vie.

— Oui, Ludovic, dit l'ange, tu reprendras de nouveau un corps, mais tu n'auras plus des guides dévoués pour t'assister visiblement; tu as été soutenu pendant que tu étais faible, il faut qu'à ton tour tu soutiennes d'autres faiblesses, en acceptant, au sein de ta famille, des esprits qui doivent progresser sous ta direction.

Les âmes qui ont atteint ce degré doivent sacrifier toutes les joies légitimes du bonheur pour aider à vaincre, par leurs conseils et leur douceur, les mauvais penchants d'un père, d'une mère, d'une épouse ou d'un enfant; elles éprouveront souvent de la tristesse et réussiront rarement à réaliser le bien qu'elles désireraient pour ceux qu'elles aiment malgré leurs vices et leur ingratitude; c'est surtout à cette école *de combat*, de contrastes, qu'une âme dévouée se fortifie et progresse toujours. Lorsque des mortels font abnégation de leur bonheur pour des esprits arriérés, il y a des amis invisibles qui les soutiennent en répandant sur eux cette attraction surnaturelle et bienfaisante qui fait naître tant de sentiments dans des âmes sympathiques.

CHAPITRE XVI

Le Temps et l'Eternité. — Allégorie

Mme Marcel avait écouté avec la plus grande attention le récit de tant de luttes pour arriver si lentement à un état relatif de progrès sur la terre ; mais elle trouvait aussi que cette œuvre était favorable au maintien des bonnes résolutions ; elle voyait combien il était plus facile d'être bon dans le monde des esprits où règnent la vérité et la vraie lumière, qu'ici-bas où nous marchons continuellement dans d'épaisses ténèbres, où nous nous heurtons à chaque pas contre des difficultés matérielles que le mal sème sur notre chemin. Mme Marcel contemplait son fils dont le corps goûtait un si paisible repos, pendant que son esprit venait de revoir dans le passé tant de siècles de souffrances. Combien de corps avaient succombé à ces épreuves lorsqu'elles étaient réellement terrestres ! Puis les regards de la pauvre mère se portaient ensuite sur la petite Léonie encore toute ignorante des misères de la vie.

— Qu'a-t-elle été et que deviendra-t-elle ? se disait Mme Marcel, elle a déjà souffert, mais l'insouciance de l'âge lui a tout fait oublier !

Ludovic, après le récit de ses existences, resta trois jours plongé dans un profond sommeil, sans doute ce repos lui était nécessaire pour reprendre les causeries d'un autre ordre d'idées ; peut-être aussi que la fatigue morale qu'avait éprouvée Mme Marcel avait affaibli sa volonté et qu'elle ne pouvait assez soutenir son fils pour lui faciliter la parole. Enfin, le quatrième jour, à l'heure habituelle, Ludovic put reprendre le cours de ses entretiens.

— Que je suis heureux dans ce moment, ô ma mère ! comme il y a ici d'agréables oasis ! je m'y repose avec délices, mollement étendu sur une couche fluidique environnée de fleurs que l'on ne voit pas ici-bas. Je suis encore sous l'impression d'une scène charmante dont j'ai été tour-à-tour acteur et spectateur ; c'est une conversation allégorique, que les esprits préfèrent à toute autre, parce qu'elle impressionne agréablement.

Mon attention s'est portée d'abord sur une femme de haute stature ; elle était vêtue d'une longue robe blanche toute parsemée d'étoiles aussi étincelantes que le plus pur diamant ; sa tête était entourée d'un cercle d'or dont les extrémités se rejoignaient au-dessus de la tempe droite, il représentait un serpent dont la gueule ouverte avale la queue. Cette femme tenait à sa main droite une coupe vide, et de charmants insectes, aux ailes blanches et transparentes, s'approchaient du bord sans rien trouver pour se désaltérer ; sa main gauche tenait une plante un peu fanée. Elle se dirigea lentement vers un fleuve dont les eaux coulaient abondantes et limpides, remplit sa coupe et revint, toujours suivie de ces insectes ailés, s'arrêter à quelque distance des lieux où je reposais ; elle creusa ce sol fluidique qui s'écartait et s'amoncelait sous le moindre effort de sa main, y déposa la plante flétrie et répandit sur ses racines un peu d'eau de la coupe, qu'elle déposa ensuite. Cette femme s'approcha de moi et sa voix puissante produisit des sons harmonieux.

— Viens, me dit-elle, et regarde.

Puis me désignant le fleuve :

Cet élément qui semble fuir dans son cours précipité tout ce qui se trouve sur ses bords, mais qui jamais ne termine son voyage, parcourt une route tracée sans jamais retourner en arrière ; il laisse en passant la fraîcheur et la prospérité.

Puis, sans ajouter un mot, elle m'emmena auprès de l'arbrisseau, il était tout fleuri, ses nombreuses branches retombaient gracieusement sur le sol où elles prenaient de nouvelles racines. Les insectes ailés se désaltéraient dans la coupe et puisaient avec délice le suc des fleurs.

— Tu ne comprends pas, me dit cette femme, cette image symbolique ? Ce fleuve représente le *Temps* ; comme lui il passe rapidement sans s'arrêter, il ne retourne jamais en arrière, et depuis des milliards de siècles je le vois poursuivre sa route !

Je regardai mon interlocutrice avec surprise, elle devina ma pensée et reprit avec un doux sourire :

— Je suis l'*Éternité*.

— Je m'inclinai aussitôt devant cette antique majesté.

— « Relève-toi, me dit-elle, jeune enfant de la terre, nous sommes du même âge. »

Ces insectes ailés représentent les mortels ; tu

les as vus altérés me poursuivre jusqu'au fleuve; ils ne pouvaient boire sur ses bords, le courant les aurait entraînés. Il faut savoir faire la part du temps avec l'expérience ; les esprits faibles doivent être soutenus et bien gouvernés.

Cet arbre que j'ai planté, c'est l'arbre de vie ; simple plante d'abord, ses branches croissent rapidement et prennent de nouvelles racines, lesquelles forment à leur tour de nouvelles branches qui s'étendent sur tout le sol. Elles doivent ainsi abriter et nourrir des générations entières. »

Satisfait de cette explication, je regardais cette femme, dont les cheveux recouvraient les épaules et le sein ; son visage ne portait aucune trace de la vieillesse, son regard était calme et pénétrant; pas une ride ne traversait son beau front. Puis mes yeux se portèrent sur ce cercle d'or qui retenait ses longs cheveux blancs, je ne pouvais en comprendre le symbole.

— Tu regardes ma couronne, dit-elle, elle représente le mal qui se détruira de lui-même ; mais ce temps n'est pas encore venu, il faut auparavant que la pureté, — et elle désigne sa robe, — et toutes les vertus brillent comme ces diamants, sous les rayons du soleil de justice.

Et elle me quitta pour aller, de sa main puissante, diriger le *Temps* qui gouverne les destinées ; et l'*Éternité*, cette mère de tous les âges, les renouvelle sans cesse et *toujours*. . . . .

Ludovic prononça ce dernier mot sur une note si prolongée qu'elle rendit l'infini de ce mot : « *Éternel*. »

CHAPITRE XVII

Les auteurs dans le monde des esprits

Je me trouve encore sous le charme de ces tableaux allégoriques. Combien ils me reposent agréablement de mes fatigues ! Puissent-ils, ô ma mère, te réjouir le cœur, comme ils développent en moi de douces impressions.

J'étais toujours dans cette charmante retraite, étendu sur une couche fluidique qui se balançait indolente, sous la pression d'une brise légère ; je sentais que je m'abaissais insensiblement vers une colline peuplée d'un grand nombre d'esprits se livrant à une singulière occupation. Ils étaient tellement absorbés par ce travail, que mon arrivée parmi eux ne fut pas remarquée. Je m'approchai timidement d'un groupe d'esprits qui dépouillaient avec habileté une quantité d'écrits sur parchemin ; ils les parcouraient rapidement du regard, y prenaient des notes, puis les faisaient glisser sur la pente rapide de la colline au bas de laquelle se trouvaient d'autres esprits qui les recevaient et les amoncelaient pour y mettre le feu ; ce feu projetait une lueur blafarde sur tout ce qu'il éclairait. Mais lorsque ces écrits furent réduits en cendre, il s'éleva un vent violent qui la dispersa dans toutes les directions.

Quand l'ouragan eut cessé, je m'aperçus que cette cendre avait produit comme une semence qui levait et grandissait visiblement. Mais les plantes qu'elle fit germer n'avaient pas toutes la même forme ; il y en avait un grand nombre qui avaient les proportions d'un chêne. Ces arbres étendaient leurs larges branches et répandaient la fraîcheur sur les chemins ; chaque passant profitait de leurs fruits, sans que jamais le nombre en fût diminué.

D'autres plantes restaient petites ; leurs branches rabougries formaient des racines toutes reliées les unes aux autres, ce qui rendait la marche très-difficile ; elles occasionnaient fréquemment des chutes bien graves à ceux qui passaient en cet endroit. Enfin, d'autres plantes élevaient fièrement leurs tiges, et portaient quelques rares fleurs qui s'inclinaient mollement en forme de cloches ; ces fleurs étaient d'une nuance terne à laquelle je ne puis donner de nom. Je remarquai avec surprise que chaque insecte qui venait se nourrir de leur suc était frappé de mort.

Je retournai auprès des esprits qui mettaient de nouveau le feu aux écrits, et je leur fis part de mes observations en les priant de m'en donner l'explication.

« — Tu viens de voir, me dirent-ils, l'immortalité de la pensée : ce sont les œuvres de tous les auteurs qui ont écrit sur la terre ; ils choisissent eux-mêmes ce qui leur appartient, et, pour juger de leur valeur, ils leur font subir l'épreuve du feu, c'est-à-dire, de ce feu qui a impressionné les intelligences qui se sont chauffées à ce foyer. Le vent qui est venu dissiper cette cendre, c'est la Renommée qui les colporte sur ses ailes rapides et les fait germer à l'infini.

» Tu dois en avoir compris la signification. Ces grands arbres chargés de fruits qui se laissent cueillir sans jamais diminuer, figurent les œuvres utiles et pratiques qui influencent sagement ceux qui nourrissent leur esprit de cet aliment substanciel. Mais tu as sans doute aussi remarqué ces plantes rampantes et peu élevées, elles symbolisent les œuvres les plus communes, celles qui entravent la marche de la société et entraînent l'esprit au plus bas niveau de l'abaissement moral. Ces plantes aux fleurs ternes et en forme de cloche distillent le poison le plus subtil, elles ont l'apparence de la modestie par leur couleur et celle de la prévoyance par leur forme qui semblait promettre asile et protection ; elles représentent les œuvres les plus hypocrites et par conséquent les plus dangereuses, parce qu'elles dessèchent le cœur par la haine qu'elles inspirent et, comme les fleurs dont elles sont l'emblème, elles compriment l'intelligence, interceptent la lumière spirituelle en étouffant la libre pensée, et, semblables à ces insectes qui ne trouvent que la mort où ils allaient chercher la vie, les âmes qui s'abreuvent à cette coupe empoisonnée y perdent la vie intellectuelle.

» Les auteurs habitent sur cette colline, du haut de laquelle ils peuvent jouir de la vaste scène du monde pour en saisir tous les détails, puis ils nous confient le travail de leur pensée et les fruits de l'inspiration. »

Je compris alors que je m'étais adressé aux porte-voix de la Renommée, c'est-à-dire aux éditeurs et aux libraires. Je demandai ensuite pourquoi un certain nombre d'esprits continuaient leur travail avec la même activité, tandis que beaucoup s'éloignaient dans la même direction.

« Les premiers, me fut-il répondu, continueront de lire leurs écrits en y faisant des corrections, et nous, à les réduire en cendre jusqu'au moment où ils seront complétement revus et corrigés. »

Je me trouvai ensuite dans un endroit tout resplendissant de lumière et d'où l'on jouissait d'un panorama splendide. Là se trouvaient réunis des esprits ayant tous à leur côté un livre d'or dans lequel ils faisaient tour à tour des lectures d'une élévation toute céleste. Je sentis alors tout mon être saisi des plus saintes aspirations, puis de leur céleste demeure ces nobles ouvriers de la pensée dirigèrent des rayons lumineux sur la colline où les auteurs restaient toujours en lutte avec leurs œuvres obscures et profanes.

CHAPITRE XVIII

Isaac et Ismaël. — Allégorie

Comme la terre paraît aride lorsque l'on compare le temps qu'elle met à se parer de fleurs, auprès de ces créations multiples et de ces transformations instantanées qui vous remplissent d'admiration ! Tout, autour de moi, n'est que surprise !

J'ai vu une de ces ravissantes contrées, où toutes les harmonies semblent s'être donné rendez-vous. J'étais au sommet d'une haute montagne placée comme un immense observatoire qui laisse tous les mondes à découvert. Rien ne venait limiter l'horizon : les innombrables globes voguaient dans l'espace, accomplissant leur marche mesurée, au milieu de cet autre vaste globe dont l'atmosphère spirituelle sépare nettement des fluides terrestres. J'ai vu ces gracieux îlots flottants apporter dans leur course aérienne des groupes d'esprits dans d'autres sphères pour y porter sans doute quelque message. J'étais ravi de tant de merveilles, il me semblait entendre, au milieu de ce silence mystérieux, les pulsations de la vie universelle ; c'est là, me dis-je, que Dieu a dû méditer la création ! Les plantes les plus rares marient leurs nuances délicates au sein d'un sol mouvant assez semblable à ces nuages vaporeux qui s'élèvent sur les montagnes lorsque le soleil aspire l'humide rosée du matin.

Je fus distrait dans ma contemplation par des sons de voix qui se rapprochaient graduellement de mon oreille. Je n'étais plus seul ! Mon regard fut agréablement charmé par l'arrivée de deux adolescents d'une grande beauté ; ils marchaient, les bras gracieusement enlacés, et soulevaient au-dessus de leurs têtes blondes une écharpe de gaze transparente qui s'enflait sous le faible souffle de l'air parfumé.

Ils arrivèrent ainsi tout au bord de la montagne, qui semblait tressaillir sous la pression des premiers pas qui foulaient son sol. J'écoutai avec intérêt le dialogue qui s'établit entre ces deux esprits.

« Isaac, qui nous a conduit en ces lieux ? Le Seigneur demande-t-il encore un holocauste ?

— Non, mon frère, je ne crains plus comme sur la terre, le couteau ni le bûcher, je ne cherche plus du regard le bélier qui doit être sacrifié à ma place. Ici, tout est amour ! Ismaël, regarde au loin ce point noir qui forme la nuit au milieu de cette vaste lumière, c'est la terre : c'est là que nous avons vécu, et avons été les pères de tribus qui errent encore après avoir été esclaves.

— Oh ! vois donc, Isaac, ce monstre aux flancs embrasés qui part de la terre, il fend l'espace et se dirige sur nous ; ses yeux rouges nous fixent avec persistance, et de son crâne ouvert s'échappe une fumée noire qui ternit l'horizon. De sa poitrine palpitante sort un mugissement semblable au bruit de la mer en furie, et à ses épaules d'airain sont suspendus six bras redoutables. Il porte sur le dos des hommes noirs qui entretiennent un feu continuel. Que nous veut donc ce monstre ? Vient-il comme un fléau ? la terre serait-elle maudite ?

— Ismaël, vois-tu dans la même direction ces mille fils de fer qui entourent la terre comme les barreaux d'une vaste prison ? Ah ! ce pauvre globe est réduit plus que jamais aux chaînes de l'esclavage ! Vois encore dans l'espace s'élever cette énorme boule qui renferme dans son sein des êtres mortels. Est-ce ainsi que la mort transporte les hommes qu'elle frappe ! Mon Dieu, que c'est étrange ! »

Et toutes ces choses qui surprenaient les deux frères, arrivaient en composition fluidique ; puis un esprit supérieur se détacha en même temps de la terre ; il portait sur son front l'étoile du génie ; d'une main, il tenait le compas, le triangle, et de l'autre un flambeau, et s'adressant aux deux esprits :

« Ne vous effrayez pas, dit-il, enfants de l'ancienne loi, le feu de l'industrie a remplacé le feu du bûcher, et les chaînes de l'esclavage ont fait place à celles de l'amour des peuples. Vous ne voyez la terre que de loin, et bientôt il n'y aura plus d'esclaves. Ces fils qui entourent la terre et la traversent dans tous les sens portent la pensée d'un monde à l'autre, et ce monstre qui vous épouvante avec ses entrailles de feu sillonne toutes les nations et convie les peuples au banquet fraternel de l'amour et de la concorde. Ce globe qui plane dans les airs atteindra plus tard l'apogée de la perfection ; pour le moment, il restera limité dans sa course, parce que les hommes ne sont pas encore assez sages pour agir en pleine liberté, il faut auparavant que les frontières soient abolies, et que les guerres soient éteintes ; alors que toutes ces haines et ces limites nationales auront disparu, il s'ouvrira une ère nouvelle pour les mortels que vous avez connus ignorants et égoïstes.

Et l'esprit s'éloigna dans la direction de la terre, et, des flancs de la locomotive, j'entendis les notes graves et solennelles d'un orgue qui chantait une hymne à la solidarité des peuples ; et du crâne d'où sortait la fumée montèrent des parfums et des fleurs comme un nouvel holocauste à la louange de Dieu.

Puis je pris place à côté de ces adolescents dans la nacelle du globe aérien qui s'était avancé au bord de la montagne, et le vent nous poussa vers la terre. Pendant notre voyage, nous entendîmes vibrer les fils où circule l'électricité répétant ces mots : « Amour et liberté. »

Et Isaac, dans un élan d'admiration, s'écria en embrassant son frère : « Ismaël, Ismaël ! tu renaîtras, non pas de l'esclave, mais de la femme libre ! »

CHAPITRE XIX

Une grande revue

Je m'aperçois, ô ma mère, que je suis conduit dans un monde inférieur; je le sens par la triste impression dont mon âme est affectée, et par la pesanteur de l'atmosphère qui m'entoure. Les multitudes d'esprits que je vois sont sans doute en punition, et je suis témoin d'une de ces expiations collectives qui sont peut-être plus douloureuses à accomplir que celles qui sont individuelles, parce que, dans le premier cas, l'aiguillon de la haine est sans cesse éveillé par la vue des êtres qui ont participé à vos méfaits; tandis que si la peine est personnelle, on souffre dans le silence de la conscience, et le repentir a moins de passions à surmonter pour pénétrer le cœur.

J'ai assisté dans un profond recueillement à la scène suivante. Dans une vaste plaine, j'ai vu rangés en bataille tous les soldats de la terre, qui, après leur mort, étaient venus rejoindre leurs régiments dans le monde des esprits. Il y en avait de toutes les nations et de tous les grades. Tous ces soldats étaient armés comme s'ils allaient entrer en campagne. Pour distinguer leurs nationalités, il y avait des porte-drapeaux qui restaient isolés entre deux rangs, et tenaient élevé l'étendard de leur patrie. Un chef les passait tous en revue. Les souverains de tous les âges reconnurent ensuite les régiments qui avaient servi sous leur règne ; et j'ai vu tous ces monarques, depuis le roi Pharaon jusqu'à ceux de notre époque.

Rien de plus curieux que cet aspect théâtral, ces costumes de différentes formes, ces anciennes couronnes, ces armes antiques, et ces coiffures grotesques.

Je ne pouvais comprendre quel intérêt j'avais à me trouver à cette grande revue ; mon guide regardait silencieux et je n'osais le questionner ; mais je compris bientôt l'instruction que je pouvais en tirer.

O ma mère ! il est bien nécessaire que la mort renouvelle les hommes, puisque le temps renouvelle les mœurs.

Il se fit dans cette assemblée une telle confusion, que je fus scandalisé du manque de respect des souverains entre eux : chacun voulait avoir acquis le plus de gloire, brûlé et ravagé le plus de provinces ; les uns faisaient valoir les conceptions de leur esprit inventif pour le perfectionnement des armes ; d'autres comptaient les canons et les drapeaux pris à l'ennemi, et en faisaient des trophées à la gloire de leurs nations. Mais ce qui m'étonna beaucoup, ce fut l'indifférence des simples soldats pour ces discussions. En effet, ils n'avaient pas beaucoup d'intérêt dans ce que les souverains appellent « leur gloire, » et ce qui leur importait bien davantage, c'était d'éviter les punitions disciplinaires.

L'esprit qui passait la revue, s'approchant des corps d'armée, les licencia tous. Aussitôt, comme par enchantement, les rangs furent rompus, et un pêle-mêle incroyable se produisit. Je ne pouvais plus reconnaître les hommes des différentes nations, rien ne les distinguait plus, chacun avait pris le costume qui appartenait à sa condition première, et aussitôt les armes furent transformées en outils de travail, et, munis de ce doux fardeau qui amène la prospérité au lieu de donner la mort, les soldats prirent la direction, qui des champs, qui des ateliers.

Les souverains, dans la chaleur de leurs débats, ne s'aperçurent pas que tous leurs soldats avaient déserté. Ce ne fut que lorsque leur honneur fut en jeu, et qu'il fallait du sang pour le laver, qu'ils tournèrent leurs yeux vers la plaine déserte. Alors, l'esprit s'approcha d'eux, et, pour les mettre d'accord, leur donna, à la place de leurs sceptres, des instruments de travail, et leur dit : « Allez niveler les limites qui vous séparent, et, lorsque vous pourrez fouler ensemble le même sol, vous le ferez prospérer avec plus de désintéressement ; vous rendrez l'abondance où vous avez exercé la tyrannie. » Et je vis ces rois, ces empereurs de tous les âges, de tous les temps, suivre tristement le conseil de l'ange qui n'était autre que l'interprète de leur conscience. Que Dieu bénisse leurs travaux, et paix aux hommes de bonne volonté !

CHAPITRE XX

L'influence doit toujours être pure. — Punition de ceux qui en ont abusé

O ma mère, il faut bien les grandeurs de l'infini pour contenir les créations spirituelles, et toute l'éternité pour les comprendre. J'ai vu, toujours dans les mondes inférieurs, une assemblée d'esprits qui expiaient ensemble leurs fautes, pour les réparer ensemble plus tard. Je fus conduit dans un endroit bien triste ; je ne voyais pour tout horizon qu'un ciel gris et une mer de sable. Rien n'indiquait la vie, tout était stérile, aucun oiseau ne traversait l'espace, et n'égayait ce désert de ses chants.

Je m'engageai dans un chemin enserré entre deux hauts remparts, dans lesquels étaient taillés, de droite et de gauche, des siéges en pierre occupés par des esprits ; je me crus un instant au milieu d'une galerie historique.

Leurs corps étaient immobiles comme le marbre, et ils se tenaient tous la main. Toute leur vie semblait être passée dans leurs yeux qui exprimaient l'attente et l'anxiété. Ils dirigeaient tour à tour leurs regards au ciel et du côté de l'entrée. Je remarquai la variété des types d'esprits qui occupaient toutes ces places, et, je compris, d'après leurs costumes, la position sociale qu'ils avaient occupée sur la terre.

Après une longue et pénible marche, j'atteignis l'autre extrémité du chemin ; mais quelle ne fut pas ma déception ! il était fermé par un rempart semblable à ceux qui le longeaient. Là se terminait la longue chaîne des mains, et les deux qui restaient isolées de chaque côté se tenaient levées, et, de l'index, désignaient une inscription écrite sur la muraille, ainsi conçue : « L'influence doit toujours être pure, elle ne doit s'exercer que pour le bien ; ceux qui en abusent seront réduits à l'impuissance, afin de ne plus tromper la confiance des faibles. »

Je ressentis alors toute la souffrance morale de ces pauvres esprits réduits au silence, isolés, pour ainsi dire, au milieu d'une société nombreuse, ne pouvant plus agir, immobiles et sans forces. Leur intelligence seule avait gardé toute sa perspicacité ; les souvenirs se pressaient dans leur mémoire, et retraçaient avec une exacte vérité l'abus qu'ils avaient fait de l'influence, soit par leur éloquence, soit par leur fortune. Ils attendaient avec impatience, que l'on vînt les délivrer ; l'inaction est si cruelle pour les esprits actifs ! ils souffrent tout à la fois de l'abondance de leurs idées et de la nullité de leurs efforts pour les développer.

L'esprit qui m'accompagnait, était le même qui m'avait conduit à la grande revue ; il paraît qu'il est un de ceux qui ont pour mission d'annoncer la délivrance aux esprits souffrants. Il s'approcha de chacun d'eux, et leur posa la main sur la bouche ; cet acte leur rendit la parole. Ils manifestèrent aussitôt un repentir sincère, et demandèrent tous la réparation.

Mon guide, qui avait jusqu'à ce moment gardé le plus profond silence leur annonça qu'ils allaient se réincarner, et les questionna sur le genre de réparation qu'ils jugeaient convenable à leur avancement. Les réponses semblaient être préparées à l'avance, car chacun exposa sans hésitation le genre d'existence qui répondait le mieux aux sentiments que le repentir leur suggérait.

J'entendis, non sans une forte émotion, tous

ces esprits désirer en quelque sorte les épreuves les plus terribles que puisse offrir la vie matérielle ; telles que le mutisme à ceux qui avaient profité de leur éloquence pour occasionner des désordres, provoquer des révolutions. D'autres allaient jusqu'à réclamer l'idiotie ; c'est-à-dire l'engourdissement des facultés mentales, pendant une existence. Je demandai à mon guide quel mérite pouvait avoir un esprit incarné, privé de ses facultés intellectuelles, puisqu'il n'avait pas conscience de son état, ce qui le rendait, par conséquent, irresponsable de ses œuvres.

« Tu ne comprends pas, me répondit l'ange, les mystères du sommeil, ni ceux de l'esprit, qui ne peut trouver dans les organes de son corps des serviteurs soumis pour reproduire les manifestations de l'âme. L'esprit, dans ce cas, ne perd rien de ses attributs ; il les possède même dans toute leur vigueur; mais il ne peut les manifester, ni par la parole, ni par aucune expression intelligente. L'esprit entoure le corps extérieurement, mais il ne peut le pénétrer ; il voit son corps, comme s'il était reflété par un miroir; il est témoin de tout ce qui se passe autour de lui, il comprend les pensées de chacun, et étudie avec fruit les secrets du cœur humain. Ce corps auquel il est attaché lui inspire une profonde pitié, et, plus tard, il demandera une incarnation nouvelle pour protéger spécialement ces pauvres êtres dépourvus des manifestations intelligentes, et il sera, par ce moyen, un bienfaiteur de l'humanité. »

D'autres désiraient la pauvreté, un état d'ignorance, des infirmités; enfin, j'ai entendu réclamer avec instance, et comme faveur, toutes les misères de la vie. Je comprends, en effet, que toutes ces épreuves sont préférables à cette inaction que subissaient ces pauvres esprits.

Nous arrivâmes enfin au bout de ce chemin. Les plus près du mur qui le fermaient étaient les plus coupables, parce qu'ils avaient reçu la lumière, et qu'ils l'avaient éteinte pour servir leurs intérêts. Ceux-ci demandèrent tous d'avoir les yeux fermés pendant cette nouvelle existence.

Bientôt après, la chaîne des mains se rompit, et tous ces esprits se levèrent de leurs siéges de pierre, et défilèrent dans l'étroit sentier qui les conduisit dans ce vaste désert de sable, où l'empreinte de leurs pas resta profondément marquée, comme un témoignage vivant de leur assujettissement à l'épreuve.

L'inscription tracée sur le mur s'effaça, et ces

mots la remplacèrent : « Le repentir commence où expirent les remords, et la réparation où finit l'épreuve. »

CHAPITRE XXI

Bagnes spirituels

O ma mère ! combien l'esprit a de sens inconnus lorsqu'il habite la chair, et comme il éprouve des sensations nouvelles lorsqu'il est libre ! Aussi, rien de plus profond que l'abîme du néant, lorsque l'espérance s'éloigne d'une âme ; rien de plus terribles que les tortures morales et les perplexités de l'esprit fautif redoutant d'être découvert. Les appréhensions d'un criminel qui se cache pour éviter l'échafaud n'ont rien de comparable.

J'ai visité un de ces bagnes spirituels où sont réunis les plus célèbres brigands qui aient désolé la terre. Ils étaient encore sous les dents meurtrières du remords ; ils erraient à découvert dans une plaine, et cherchaient à fuir dans toutes les directions, sans parvenir à trouver le moindre abri. Ils évitaient de se rencontrer, et toutes les ombres qui glissaient au loin leur semblaient être autant d'émissaires de la justice des hommes. Ils proféraient des blasphèmes, et réclamaient à grands cris leurs forêts, leurs cavernes profondes pour s'y cacher. Ils évoquaient le brouillard, la nuit, la tempête. Leur témérité était anéantie devant ce chemin facile, et leur butin était lourd sur leurs épaules d'Hercule.

Combien je souffrais en les voyant s'agiter ainsi ! Je comprends le dévouement et la charité des bons esprits ; ils sont dans des conditions telles qu'ils ne peuvent rester insensibles à aucune douleur ; elles deviennent contagieuses, parce que la substance de l'esprit est trop pénétrante pour ne pas s'impressionner de tout ; le corps empêche la sensibilité d'atteindre un degré complet ; c'est pour cela que l'indifférence et l'égoïsme sont deux plaies qui n'appartiennent qu'à la société humaine. L'on n'est indifférent que lorsqu'on ne souffre pas ; l'égoïsme est le complément de l'indifférence ; il cache et enchaîne tous les sentiments, étouffe les pensées qui pourraient se porter sur les souffrances d'autrui, il broye le cœur et le vernit ensuite afin de le rendre imperméable.

J'ai vu aussi les indifférents et les égoïstes, et je me suis demandé si le sort de ces malheureux que je t'ai dépeint il y a un instant n'est pas préférable à l'isolement des égoïstes, si l'agitation des premiers n'est pas à envier auprès de leur étroite prison.

Représente-toi une sorte de tombeau de pierre dressé contre d'immenses glaciers ; cette prison est si étroite qu'ils ne peuvent y faire aucun mouvement pour se dégager du contact insupportable du froid qui les glace. Ah ! si l'âme incarnée endurait la millième partie de ces souffrances, avec quelle précipitation l'esprit se dégagerait de sa prison charnelle, et l'abandonnerait, étendue sur le sol glacé ! Mais non ! l'esprit dématérialisé ne peut plus fuir, il ne peut plus mourir ; la conscience le tient, le domine, elle réclame la punition d'abord, et la réparation ensuite. Si les égoïstes ont su se renfermer dans leur personnalité, combien ils se retrouvent de nouveau isolés de toute société et délaissés dans leur douleur !

Mon guide et moi, nous nous sommes approchés de quelques-unes de ces cellules. Notre apparition a été pour ces pauvres esprits comme un rayon d'espérance ; des larmes glacées perlaient sur leur visage, et leurs mains crispées comprimaient violemment leur poitrine.

Ils cherchaient à pénétrer le but de notre visite, ils ne pouvaient parler; mais mon guide mit bientôt un terme à leur anxiété, en leur annonçant qu'ils étaient libres. Tous furent conduits dans cette grande école spirituelle où j'étais allé aussi pour me fortifier.

Je revins ensuite dans la plaine où erraient les malfaiteurs, et mon guide les réunit en jetant ce cri répété dans toutes les directions: *Pardon! Délivrance!* Tous accoururent à la voix de l'ange, et déposèrent à ses pieds les trésors qu'ils avaient ravis, et dirent tous ensemble : « O toi, qui nous apportes le pardon, rends ces biens à ceux qui en ont été dépouillés, afin que notre conscience soit calme. » Et aussitôt, je vis s'amonceler près de nous des trésors de toutes espèces, de l'or, des pierreries, des étoffes d'une grande richesse. Mais l'ange sourit en les voyant. « Ces richesses, dit-il, ne sont plus matière, elles n'en ont que l'apparence ; ici, elles ne servent qu'à aiguillonner vos remords. La réparation se fera dans le milieu même où vous avez péché. Des événements préparés par la destinée, vous amèneront à vous dévouer pour les personnes que vous avez dépouillées de leur bien ; mais souvenez-vous que votre dette devra s'acquitter jusqu'au dernier denier. »

Alors ils furent conduits dans un monde spirituel peuplé d'esprits se livrant à un travail qui présentait les apparences de la matière ; ils s'exerçaient ainsi pour l'avenir à gagner honnêtement leur vie, car la plupart d'entre eux n'avaient vécu que d'expédients déloyaux et honteux.

CHAPITRE XXII

Le bon jardinier. — Allégorie

Mon guide me conduisit ensuite près d'un gracieux parterre tout couvert de fleurs à peine écloses.

Là, se trouvait un jardinier qui les cultivait avec le plus grand soin; je lui aidai dans son travail, en versant sur les fleurs une eau qui possédait toutes les nuances du plus beau diamant. Je puisais ce liquide dans une source qui jaillissait d'un rocher, mais je ne pouvais l'obtenir qu'en le frappant d'une verge que le jardinier m'avait confiée; et, lorsque j'avais rempli ma coupe, la source se tarissait. Le parfum de ces fleurs me pénétrait d'une sensation si agréable, que je m'abandonnai entièrement aux délices de ces lieux enchantés. Je posai donc à terre la coupe et la verge, et je m'étendis mollement sur un vaste lit de fleurs. Là, je savourai avec délices toutes les voluptés qui m'enivraient.

Le jardinier continuait à cultiver ses fleurs, à les protéger contre la sécheresse, à redresser les plantes qui se penchaient vers le sol, en mettant des tuteurs pour les soutenir ; il allait à la source, frappant le rocher, puis un petit murmure se faisait entendre : c'était l'eau qui bouillonnait dans son réservoir.

Mes yeux s'étaient involontairement fermés, et tous ces parfums, et tous ces bruits exerçaient sur moi un charme que je ne pouvais rompre ; j'essayai d'ouvrir les yeux, mais en vain. Bientôt mon être entier éprouva une espèce de mouvement lent et cadencé, comme si j'avais été balancé dans un hamac. Je compris que je m'abaissais lentement ; mais, où ? Je redoublais d'efforts pour vaincre ce sommeil perfide, mais inutilement.

Je commençai à éprouver les sensations d'une atmosphère pesante ; les parfums s'affaiblissaient graduellement ; je n'entendais plus le murmure de la source ni le pas léger du jardinier ; mes oreilles étaient étourdies par des rumeurs lointaines ; j'éprouvais des commotions semblables à celles que produit l'électricité ; puis bientôt j'entendis le grondement de la foudre, et le bruit lointain des cataractes bouillonnantes qui alimentaient un torrent vagabond ; un vent furieux glaçait mon visage.

Enfin, j'ouvris les yeux, j'étais sur la terre, toujours étendu sur mon lit de fleurs, mais elles étaient toutes flétries ou arrachées ; celles-ci flottaient sur une eau boueuse que la tempête avait amenée. Je vis là le jardinier occupé à réparer les désordres de l'inondation ; il ramassait les fleurs qui possédaient encore leurs racines, puis il me les apporta. « Tiens, me dit-il, prends soin des plantes que j'ai sauvées du naufrage, et souviens-toi que, dans ce rocher, qui est le symbole de la foi, se trouve renfermée la source des consolations spirituelles; la verge qui représente les épreuves de la vie, en fait rejaillir les eaux bienfaisantes en portant comme un écho lointain les pensées et les prières vers Celui qui possède la justice et la miséricorde. Dieu concourt avec les âmes pour faire croître les vertus, comme il travaille aussi de concert avec le bon jardinier pour faire éclore des fleurs. La tempête figurée est le torrent des passions humaines qui ravage et entraîne le bien que l'on a acquis, mais que l'on ne surveille pas. Les plantes qui, après avoir été déracinées réclament des soins délicats et persévérants pour reprendre la vie, figurent les vertus qui ont reçu de graves atteintes causées par la négligence ; il faut alors les relever et les entourer d'une nouvelle sollicitude. L'on n'acquiert rien sans travail. Aide-toi, le ciel t'aidera. »

CHAPITRE XXIII

Encore des mondes d'expiation

O ma mère, quelle route immense je parcours tous les jours dans ces mondes ambulants que les esprits forment avec les forces réunies de leurs pensées, tels que les lieux d'expiations formés par les remords, ou bien ces charmants reposoirs où des esprits continuent et perfectionnent des œuvres commencées sur la terre et interrompues par la mort. Ils peuvent les achever à l'état d'esprit afin d'en garder une intuition plus profonde, lorsqu'ils reviendront sur la terre les développer matériellement.

Il y a de même des endroits où sont réunis les

fanatiques en religion et en politique ; ils habitent de petites sphères très-rapprochées de la terre. Là, ils suivent avec intérêt tout ce qui se passe concernant la doctrine qu'ils servent encore, et contribuent largement à susciter les passions des mortels pensant comme eux. Ces esprits se renferment dans leur cercle, et ne cherchent pas à s'enquérir si leur cause est bonne ; ils ne visent qu'à son triomphe et souffrent si elle subit un échec. Ici, je n'ai point vu d'esprits d'un ordre élevé ; j'ai remarqué en eux une expression de haine et de jalousie, et une ténacité telle, qu'elle ne permet pas à leurs intelligences de se développer davantage. Ils craignent la visite des esprits supérieurs qui viennent combattre leurs efforts en inspirant la prudence, la sagesse et la justice.

Je demandai à mon guide pourquoi leur puissante influence n'était pas anéantie, puisqu'elle contribuait par l'inspiration à troubler les consciences ou à agiter les peuples.

« Nous ne pouvons, me répondit-il, disposer ainsi du libre arbitre, même pour empêcher les actions nuisibles. Ces esprits sont sincères, et croient être dans le vrai ; en agissant ainsi, ils pensent servir une bonne cause, et refusent obstinément d'étudier des doctrines qu'ils combattent aveuglément. Cependant, ajouta l'ange, les œuvres obscures s'affaiblissent tous les jours, parce que la lumière de l'instruction pénètre partout maintenant. Nous comptons sur ce puissant levier pour affaiblir les passions des masses ; l'œuvre du bien doit s'accomplir lentement et sans violence ; c'est le seul moyen de l'implanter profondément. »

Je jetai un dernier regard sur ces esprits dont les yeux étaient constamment tournés vers la terre, et qui avaient fixé leur demeure dans son atmosphère, afin d'être mieux pénétrés de son influence.

Nous nous dirigeâmes ensuite dans un autre lieu qui avait toutes les apparences d'une contrée terrestre. J'y voyais de fort belles campagnes, des villas, des châteaux, mais tout paraissait en désordre ; la végétation était fanée, les rivières boueuses, et le ciel nuageux. Je voyais sur les grandes routes beaucoup d'objets de valeur ; toutes ces choses semblaient avoir été perdues. Les hommes et les femmes que je rencontrais, et qui étaient à l'état d'esprits, paraissaient tristes, pauvres et découragés ; ils cherchaient à ramasser les trésors qui se trouvaient sur leur route ; mais tout cet or et tous ces bijoux se déformaient et se fondaient au toucher. Alors, leur déception et leur tristesse augmentaient devant ces illusions envolées.

Je pénétrai ensuite dans une belle habitation, mais je m'aperçus bien vite du désordre qui régnait partout. Mon guide me dit : « Nous sommes ici dans le monde des esprits qui sur la terre ont ruiné leurs familles ou des étrangers par leur inconduite ou leur faiblesse de caractère ; ils ne sont pas mélangés avec les malfaiteurs que nous avons visités, parce qu'ils n'ont pas en eux des germes de corruption qui les caractérisent, mais ils ont été faibles ou insouciants, et ils souffrent ici les mêmes angoisses qu'ils souffraient matériellement : la misère, le remords d'avoir fait des malheureux. »

O ma mère ! à ces mots, mon cœur s'est serré involontairement, et je cherchais, parmi tous ces visages découragés, un esprit que nous avons tous aimé ; je craignais de le rencontrer dans ces lieux où règnent la ruine et la désolation. Je priai de toute mon âme, et il me semblait éprouver ce sentiment indéfinissable qui nous gagne si souvent sur la terre en approchant de l'endroit qu'habite un ami dont nous sommes séparés depuis longtemps.

Mon guide lut dans ma pensée et devina toutes les luttes de mon esprit. « Viens, me dit-il, je te conduis près de celui qui fut ton père... » et il m'entraîna à sa suite. Au bout de quelque temps de marche, nous arrivâmes. La première chose qui frappa mon regard, ce fut mon père, assis dans une espèce de bosquet dont le feuillage jauni semblait reproduire les tableaux désolés des derniers jours d'automne. Il faisait un froid humide et pénétrant, tout ce qui entourait ce cher père reproduisait la tristesse de ses pensées. Il était seul et faisait des calculs sur un livre très-volumineux ; mais ses chiffres se multipliaient à l'infini, et il ne pouvait parvenir à établir aucune netteté dans ses comptes.

O ma mère ! ne te trouble pas ainsi, je sens ta main tremblante abandonner la mienne, et de chaudes larmes inondent ton visage. Ecoute-moi jusqu'à la fin, et tu seras consolée.

Nous l'observâmes quelques instants, sans qu'il s'aperçut de notre présence ; il s'arrêta enfin, et se recueillit en enfonçant sa tête entre ses mains.

« Mon Dieu, disait-il, je languis depuis si longtemps sous le fardeau de mes fautes ! Prends pitié de mon repentir et du désir que j'ai de réparer le mal que j'ai causé, envoie-moi un rayon d'espérance ; je suis dans l'isolement, et je redoute la société, parce qu'elle me distrait de mon repentir. Je songe à mon épouse, à mon fils que j'ai déshonoré et ruiné, et à cette pauvre Marie qui a été privée de bonheur par ma coupable faiblesse. Oh! si je pouvais les voir et implorer leur pardon, mais non! la mort a mis entre nous une barrière infranchissable, et si l'âme est immortelle, je resterai toujours seul avec mes remords. »

Je parus alors devant lui comme une réponse à sa prière, et nos esprits se confondirent un instant dans le sentiment d'un mutuel bonheur. Mais sa joie fut de courte durée. « Toi ici, mon fils, me dit-il, toi, si jeune, tu as aussi quitté la terre! mais tu n'as pu mériter d'habiter un monde si triste! L'enfant serait-il donc responsable des fautes de son père, et après sa mort porterait-il, comme pendant sa vie terrestre, la honte de ses méfaits? Et, s'il en est ainsi, ma douleur n'aura plus de bornes, et la justice de Dieu ne laissera plus glisser dans mon âme la moindre lueur d'espoir. »

Rassure-toi, mon père! m'écriai-je, Dieu est juste et miséricordieux. Je ne viens pas ici pour expier les fautes que tu as commises, mais pour t'apporter avec cet ange de charité qui m'a conduit près de toi des paroles d'espoir et de pardon. Je viens te dire que nous avons fait tout ce qu'il était en notre pouvoir sur la terre afin de diminuer le fardeau qui t'accable. Bientôt, j'espère, Marie viendra, comme l'ange de la délivrance, te donner le baiser de paix. Elle aussi a quitté la terre, après avoir été mon épouse chérie, pendant bien peu de temps, hélas ! Je n'ai pu survivre à la douleur que m'a causée sa perte ; et alors, j'ai rompu par un effort inouï de découragement et de volonté, les liens qui m'attachaient à la terre qu'elle venait de quitter. J'y ai laissé ma mère et ma fille, je puis les voir et leur parler tous les jours, mon corps reste auprès d'elles, entretenu par une vie factice ; mais j'oublierai mes angoisses et mes luttes, ô mon père, maintenant que je t'ai retrouvé !

» Je demande à Dieu de passer le temps de mes épreuves près de toi pour adoucir ta douleur. Je te consolerai en te parlant de ce vaste globe spirituel qui renferme tant d'autres mondes que les esprits créent, sans compter ces immenses globes, œuvres du Créateur, qui sont des planètes habitées, et qui gravitent progressivement sous l'impulsion ascendante des esprits supérieurs qui les habitent, afin de se rapprocher toujours plus de Dieu, et ces mondes contiennent encore dans leur centre d'autres créations particulières, formées par leurs habitants intelligents et fortunés. Ils créent avec la substance qui alimente et vivifie leurs globes, comme les mortels bâtissent des villes et se font de charmantes retraites avec la matière terrestre. Sur la terre, l'esprit incarné trace les plans, et la main les exécute, parce que l'esprit ne peut seul travailler la matière, il lui faut un second être façonné avec les éléments dans lesquels il est obligé de vivre; c'est pour cela, ô mon père! que les esprits matériels, après la mort, forment avec la pensée des créations qui ont toute l'apparence des choses terrestres, mais elles n'en ont pas la valeur, car ni la matière ni la chair ne peuvent habiter ici. »

L'ange prit ensuite le livre et en effaça tous les chiffres par l'effet de sa volonté, comme mon père les avait créés avec la force de la sienne. « Ta dette, dit-il, est déjà à moitié payée par le dévouement de ceux que tu as fait souffrir sur la terre; Dieu t'attendra pour la deuxième moitié, mais il veut que tu la paies de tes deniers gagnés à la sueur de son front. »

Et ce triste séjour se trouva aussitôt transformé; l'atmosphère devint plus légère, tout ce qui nous entourait reprit, comme par enchantement, la vie et la gaîté; mon père, dont l'intelligence s'était assoupie par la préoccupation de ses regrets se ranima, et les limites fluidiques qui bornaient l'horizon du monde qu'il habitait s'abaissèrent aussitôt. Alors, le souvenir de son passé se déroula tout entier devant lui, et fut terrible ; puis il fut attiré instinctivement sur la terre ; il y erra un instant, comme pour s'orienter. Son regard s'arrêta enfin sur l'humble chaumière qui t'abrite ; maintenant, il est heureux, il t'a retrouvée !.....

Mon guide me dit ensuite : « Tu ne resteras pas dans la solitude avec ton père ; mais, dès ce moment, il te suivra dans tes excursions, il s'instruira avec toi jusqu'au jour de ta complète délivrance. »

Maintenant, ô ma mère, nous serons deux à te visiter, mais il n'y aura qu'une bouche pour faire entendre deux voix, et qu'un cœur pour palpiter sous l'impression d'un double sentiment d'un égal amour !

« — O mon fils ! dit Mme Marcel, que d'émotions agitent mon âme ! mais d'où vient cette lumière qui m'éclaire à mesure que tu me révèles des choses qui paraîtraient impossibles et même dénuées de raison si je les confiais ?

Ma vie devient désormais une existence spirituelle, je sens que je vis seulement lorsque tu me parles, j'habite par la pensée les lieux que tu me décris, aussi me serait-il impossible maintenant de rentrer complétement dans la vie matérielle où tout n'est que déceptions ou injustices ; dans cette vie dont les amertumes nous cachent tous les délices d'une vie réelle pleine d'espérances et de bonheur. Je ne me plains plus de mon sort ; le temps peut passer sur mes jours, sur mes années, sans que je m'aperçoive de son poids ; je me rajeunis dans le nouvel élément où je vis ; je ne vois plus cette contrée désolée des Landes où j'ai tant souffert, je ne vois que ce que tu contemples, et n'entends que le doux murmure de ta voix. Le Dieu que je connais maintenant est grand, juste et miséricordieux, je ne le crains plus, mais je l'aime parce que j'ai ressenti toute l'étendue de son amour ; il console celui qui veut être consolé, il pardonne à celui qui désire le pardon, il éclaire celui qui demande la lumière, il anime d'une vie nouvelle celui qui se meurt de tristesse sur la terre, et abreuve son âme d'une source vive. Oh oui ! j'éprouve en ce moment toute la grandeur de notre immortalité ! »

Ludovic ne répondit rien à sa mère, car déjà le sommeil avait envahi tout son être : il reprend ainsi ses droits à la vie commune des mortels.

CHAPITRE XXIV

Un phénomène psychologique. — Le conscrit et le capitaine. — Allégorie

Le jour suivant, à l'heure ordinaire des entretiens entre la mère et le fils, il se passait un phénomène assez étrange et qui inquiéta vivement Mme Marcel.

Ludovic fut pris d'une toux subite qui l'obligeait à faire des efforts inouïs pour que l'air ne lui manquât pas. Enfin, une voix rauque se fit entendre, ce n'était plus celle de Ludovic ; celle-là était plus profonde et ne semblait pas rendue par les organes qui lui étaient propres.

« Je me sers, dit cette voix, des organes de

mon fils pour te faire entendre ma voix, mon épouse chérie ! je m'en sers difficilement et je ne pourrai pour cette raison te parler bien longtemps ; mais ce qui m'importe que tu saches, c'est le bonheur que j'éprouve de te revoir, de t'aimer maintenant sans partage ; oublie le mal que je t'ai fait, et prie pour que mon âme se fortifie, car c'est par faiblesse que j'ai péché. »

La voix cessa de se faire entendre, et Mme Marcel, tout émue, pria au milieu des larmes pour celui qu'elle avait tant chéri. Le corps de Ludovic reprit ensuite peu à peu son calme habituel, il parla.

« — Tu as été, dit-il, doucement impressionnée, ô ma mère, d'entendre la voix de ton époux par la bouche de ton fils, mais tu n'en as pas été surprise ; tu comprends par une admirable intuition tous les phénomènes psychologiques, tu as pénétré facilement dans ces mystères de l'âme que la science humaine ne peut définir ; c'est la foi et l'amour qui initient sans effort à ces merveilleuses révélations, et c'est la simplicité des sentiments qui en facilite la compréhension.

Que dirait un savant matérialiste à qui l'on affirmerait que le même corps peut servir d'enveloppe à différents esprits pour exprimer leurs pensées ? Il répondrait seulement par un ironique sourire, et cependant la chose existe, et est bien simple.

Lorsqu'un corps possède la vie animale, c'est-à-dire la vie du sang et du nerf, il peut exister comme le mien existe. Dans ce cas exceptionnel, comme dans le sommeil et l'extase, l'esprit n'habite pas continuellement le corps, il peut s'absenter facilement sans que la vie soit interrompue. De même qu'une maison ne se détruit pas par l'absence de ses locataires, de même aussi l'esprit peut sortir de son corps, lorsque ses organes sont disposés pour cela. Cette disposition est préparée par l'esprit lorsqu'il est incarné ; c'est le fait des âmes qui reviennent sur la terre avec ce sentiment de tristesse inné en elles ; elles se façonnent des habitations charnelles avec des portes et des fenêtres ouvertes afin d'échapper plus facilement aux exigences et à la servitude des attaches matérielles ; l'esprit peut alors s'émanciper et se retremper pendant ses moments d'abattement dans les sphères de la patrie spirituelle qu'il a quittées avec tant de regrets.

Ecoute à ce propos une allégorie, qui peut être, pour beaucoup de mortels, un miroir où ils liront une page de leurs sentiments.

Mon guide me conduisit dans un charmant petit village, situé sur une haute montagne ;

l'air y était pur, les habitants avaient des mœurs simples et des cœurs sans orgueil ni coupable ambition.

Cependant, ce village était régi par une loi nationale qui venait souvent frapper de tristesse les familles les plus unies ; cette loi forçait les jeunes gens à quitter le foyer paternel, et à laisser au pays tout ce que l'on y aimait. Il fallait partir, s'en aller bien loin, bien loin ! pour garder, les armes à la main, les frontières d'une nation, et combattre au besoin pour éviter une invasion de l'ennemi.

L'heure du départ sonna donc aussi pour un jeune homme aimé de tout le village ; chacun se fit un devoir de l'accompagner sur la route qu'il devait parcourir. Au moment de se quitter, ce fut des baisers, des larmes, des promesses de souvenir, et l'on parlait déjà du retour. La séparation se fit enfin, le jeune conscrit continua seul et triste son chemin, et les parents et amis reprirent lentement la route du village, le cœur serré en songeant aux dangers que pouvait courir le pauvre voyageur ; ils se retournaient à chaque instant pour lui donner un dernier adieu.

Pourtant la nuit arriva et vint interrompre cette scène touchante ; notre jeune conscrit marcha longtemps, son sac sur le dos, il avait le cœur brisé d'amertume et le corps harassé de fatigue. Il arriva enfin, mais tous les visages qu'il avait devant les yeux lui étaient étrangers, chacun se riait de sa tristesse et se moquait de sa timidité. Il se revêtit de l'uniforme de son régiment, on lui donna des armes, et un de ses chefs lui dit : « Apprends à combattre, car l'ennemi rôde nuit et jour autour de nous. »

Le nouveau militaire versait chaque jour d'abondantes larmes; il songeait à son pays où chacun le chérissait ; là-bas, il n'y avait pas de frontières à garder, point d'ennemis à surveiller ; tous s'aimaient et se soutenaient dans un mutuel sentiment de solidarité. Il pensait encore aux témoignages de tendresse qu'on lui prodiguait au moment de son départ, et songeait avec impatience au retour; mais hélas ! il était encore si éloigné !

Ses nouveaux camarades cherchaient en vain à le distraire en l'invitant à prendre part à leurs jeux, à leurs plaisirs ; mais rien ne pouvait lui rendre la gaîté ; ces joies bruyantes, ces divertissements souvent déshonnêtes lui répugnaient, il préférait la solitude, et, lorsque son service lui laissait quelques instants de liberté, il prenait isolément le chemin par lequel il était arrivé et marchait à grands pas comme pour se rapprocher quelque peu de ceux qu'il avait quittés. Mais il fallait bientôt revenir, les heures sonnaient au quartier, le clairon annonçait le rappel, et notre jeune soldat rentrait tout rêveur à la caserne, où, souvent, il se trouva en retard et encourut des punitions qu'il subit sans murmure, mais elles ne parvinrent pas à le corriger ; il était atteint de la *nostalgie*, maladie qui peut rendre téméraire une âme faible, comme elle peut occasionner la mort.

Son capitaine l'observait depuis longtemps et se défiait de ses promenades fréquentes, il craignait qu'il ne désertât ; il lui fit même part de ses craintes, et, dans son intérêt, le prévint de ne pas enfreindre les lois disciplinaires, sous peine de graves punitions. Le jeune homme le remercia timidement, et lui promit, mais du bout des lèvres, de ne pas tenter une évasion.

Un jour, il se trouvait très-loin sur son chemin favori ; c'était au printemps, la route était toute bordée de fleurs, le chant des oiseaux remplissait l'air d'un admirable concert ; le jeune homme marchait le cœur léger et ne songeant qu'à ses amis qu'il allait revoir. Son imagination allait plus vite que son corps ; déjà elle lui montrait le clocher du village, il voyait sa mère, ses amis accourir à sa rencontre pour l'embrasser. Mais tout à coup il fut distrait de sa douce rêverie par un bruit lointain qui vint frapper ses oreilles, il s'arrêta..... c'était le son du clairon ; il réfléchit un instant en pressant son front brûlant de ses deux mains comme pour y retenir ses espérances qui s'envolaient : « C'est la retraite, dit-il, en reprenant courageusement sa route dans la même direction ; je serai sévèrement puni si j'arrive trop tard, je préfère déserter ; mes amis me protégeront contre les recherches que l'on va faire pour me découvrir. » Mais bientôt il entendit des pas précipités, mais encore éloignés, il comprit que déjà il était poursuivi, il allait être atteint : Mon Dieu ! qu'allait-il arriver ?

Il marchait toujours plus vite, sans se retourner, lorsqu'il se sentit frapper cordialement l'épaule ; il se retourna vivement, et se trouva en face de son bon capitaine.

« Reviens, lui dit celui-ci, en lui serrant affectueusement la main, n'abandonne pas ainsi le service auquel la loi te soumet si tu veux qu'il te soit tenu compte du temps que tu as déjà fait ; mais si tu désertes, il faudra recommencer avec un surcroît de punition. »

Et le pauvre déserteur, tout honteux, suivit le

conseil de son supérieur, et revint tristement reprendre la place qu'il occupait.

C'est bien là, ô ma mère, l'histoire de l'âme qui vient prendre de nouveau un corps sur la terre, après un long séjour dans le monde des esprits où elle vivait heureuse, entourée de nombreux amis : elle est encouragée, accompagnée par ceux qui l'aimaient, lorsque aux limites de cette montagne où elle a goûté le bonheur, elle arrive seule sur la terre avec le bagage de sa dernière existence qui consiste en vertus acquises et en vices à corriger. Cette âme est quelquefois reçue avec indifférence par la famille et l'entourage qu'elle a choisis et dont les sentiments inférieurs aux siens sont autant de piéges qui l'exposent à tomber dans de nouvelles fautes. Mais l'âme affermie dans le bien a, pour la soutenir ici-bas, la foi qui lui donne des armes pour combattre le mal, et un ange pour l'avertir et la préserver du danger.

L'esprit peut avoir aussi la nostalgie du monde spirituel par l'intuition des délices qu'il y a goûtés, et lorsque les organes lui permettent quelques moments d'émancipation, il fait comme le soldat sur la route de son village, il va toujours ; puis bientôt il hésite lorsque les liens qui le fixent à la matière vibrent douloureusement, mais il ne faut pas rester sourd à leurs avertissements, car il peut en résulter deux choses, ou la rupture complète du lien qui unit l'esprit au corps, c'est la mort ; ou peut-être un malheur plus grand encore, c'est l'obsession. De même qu'un fort abandonné par ses défenseurs laisse toute facilité à l'ennemi de s'en emparer, de même aussi l'esprit qui abandonne son corps court de grands dangers, s'il n'a un guide dévoué pour le préserver de toute surprise. De mauvais esprits peuvent s'emparer de cette habitation déserte et déranger les organes pour produire ensuite des manifestations étranges que la science appelle : « la folie. » La frayeur, un violent chagrin peuvent être aussi des portes ouvertes à l'esprit faible pour lui faire déserter son corps. Il faut, pour rétablir de semblables désordres, que des mortels secondent les efforts des bons esprits avec leur volonté et les affluves d'un fluide bienfaisant, pour forcer ceux qui ont envahi l'organisme à l'abandonner.

Mais si la mort résulte d'un effort de l'esprit qui veut se soustraire aux épreuves de la vie, l'existence interrompue devient nulle, et, comme le déserteur, il devra recommencer ses épreuves avec un surcroit de punition.

— O mon fils, dit Mme Marcel, maintenant que Dieu a exaucé ma prière, en délivrant de l'isolement celui que j'ai tant aimé, je sens plus que jamais le besoin de diriger mes pensées vers le but où tous les efforts des mortels devraient se confondre : « L'amélioration des esprits souffrants. » Ce serait en même temps pour nous un moyen d'acheminement vers le progrès, puisque nous pouvons contribuer à diminuer leurs épreuves en réparant matériellement une partie de leurs fautes. O Ludovic ! continue ta mission en instruisant ton père dans ces études si intéressantes de l'avenir des âmes, études si grandes et si belles où l'on trouve la lumière et la vérité. Moi, je continuerai à prier, prier toujours jusqu'à la fin de ma vie, et la mort viendra ensuite sans me causer de l'effroi, m'ouvrir les portes de ces mondes, de ces splendeurs qui sont la propriété des âmes qui ont beaucoup aimé et beaucoup souffert !

CHAPITRE XXV

De la mission des esprits dans les mondes inférieurs

— J'ai suivi, ô ma mère, une légion d'esprits qui se dirigeaient vers une contrée lointaine, ils émigraient dans un monde bien inférieur à celui qu'ils venaient de quitter. Ils s'arrêtèrent dans l'atmosphère de ce monde, et je compris qu'ils y éprouvaient une grande tristesse.

Ce lieu était véritablement une planète, mais moins avancée que la terre. Les habitants n'avaient aucune notion du travail, et se contentaient pour vivre de fruits sauvages ou d'animaux qu'ils chassaient; ils se couvraient de leurs fourrures. Leurs visages étaient repoussants de laideur, et la dureté était l'expression générale de toutes ces physionomies.

Celui d'entre eux qui pouvait s'acquérir par son adresse le plus de renommée, était considéré comme le plus puissant, et tous les autres devaient lui être soumis ; mais il abusait naturellement de sa supériorité en exerçant un pouvoir tyrannique sur ses inférieurs. Aussi, lorsque plus tard un autre le supplantait, c'étaient des menaces, des représailles qui dégénéraient bientôt en barbarie.

Les femmes étaient considérées comme des êtres d'un ordre secondaire, elles étaient souvent échangées contre du gibier ou des peaux de bêtes ; les enfants avaient à peu près le même sort que leurs mères, excepté les garçons lorsqu'ils pouvaient commencer à chasser, occupation devenue si importante pour leur bien-être ; les fourrures leur servaient de tapis pour se reposer, ou de tentes pour se mettre à l'abri de l'intempérie des saisons.

L'atmosphère était lourde et humide ; les astres qui envoyaient la lumière à cette pauvre planète étaient continuellement voilés par un fluide compacte et malsain ; les plantes étaient rares ; des arbres énormes se tordaient dans tous les sens comme s'ils avaient été déformés par les tempêtes ; le sol était plus grossier que celui de la terre, et la boue qui le couvrait fréquemment était couleur de sang.

Ces esprits missionnaires que j'avais suivis avec mon guide et mon père cherchaient à se manifester à ces peuplades presque sauvages, mais il était très-difficile de trouver un moyen de communication par l'inspiration, la chose devenait impossible, leurs organes n'étaient pas disposés pour cela ; quant aux manifestations physiques, il n'y avait pas en eux assez de perception instinctive qui les portât à rechercher les causes des phénomènes produits.

Les esprits se concertaient donc afin de savoir comment s'acquitter de leurs mandats auprès de ces mortels. Par l'incarnation, ils n'obtiendraient pas le résultat désiré : il est très-difficile à des esprits d'un ordre relativement élevé de renaître dans des mondes inférieurs, ils ne trouveraient pas dans ce milieu les facultés nécessaires pour développer leur intelligence et mettre à profit les talents déjà acquis dans des existences antérieures ; ce serait du temps perdu et des efforts inutiles. Ils ne trouvèrent donc rien de mieux que de se revêtir de l'enveloppe périspritale et de se rendre visibles.

Ces esprits dévoués cherchèrent d'abord à mettre leur intelligence à la portée de ces pauvres êtres si éloignés de l'ordre et de la civilisation ; ils se saturèrent de leurs fluides atmosphériques et se mêlèrent parmi eux.

Leurs premières apparitions produisirent la frayeur sur l'esprit de ces créatures jusque-là livrées à leurs cupides instincts, car rien n'était encore venu les sortir de leurs habitudes ordinaires : elles voyaient pour la première fois des êtres supérieurs à eux et qui n'étaient pas de leur race ; leur second mouvement fut de les combattre comme une proie facile, mais elles ne pouvaient les atteindre.

Les esprits, pour les familiariser, parurent ensuite avec de jolis animaux qui semblaient les approcher sans défiance. Alors, leur avidité s'éveilla avec une telle ardeur, qu'elles n'eurent plus qu'une seule pensée, les prendre vivants pour s'en faire une propriété, mais leurs efforts devenaient impuissants devant cette matière impalpable. Elles eurent alors l'idée de s'en faire des divinités, et l'apparition de ces animaux était, à leurs yeux, un signe de satisfaction des esprits qui leur apparaissaient pour les guider et les protéger pendant leur chasse, et dont la puissance allait jusqu'à dompter les plus terribles animaux. D'autres fois, elles voyaient ces esprits travailler une matière semblable à celle de leur sol, et simuler des sortes de cabanes plus confortables que les tentes qui les abritaient. Alors, elles essayaient aussitôt d'imiter avec la matière la vision qu'elles avaient eue, et elles finissaient par réussir grossièrement, il est vrai, mais l'amour du travail se développait en elles, et c'était là le but principal que se proposaient les esprits. La civilisation repousse la paresse, qui est bien, en effet, le vice le plus dangereux de l'humanité.

Mon guide me fit observer que les esprits en mission avaient vécu sur la terre, et que, tout en accomplissant une œuvre de dévouement, ils subissaient une expiation. Ces esprits avaient entravé la marche du progrès sur la terre par leur orgueilleuse prétention de posséder eux seuls la vérité. Ils sont dirigés après un court séjour dans le monde des esprits vers ces mondes arriérés, où ils peuvent à leur gré enseigner ce qu'ils jugent convenable pour développer les premières lueurs de l'intelligence chez ces créatures livrées à tous leurs mauvais instincts. Puis, ils peuvent leur dicter des lois pour leur inspirer de la crainte : elle est utile aux êtres inférieurs. Ils sont aussi autorisés à leur donner des récompenses matérielles suivant leurs désirs et leurs goûts, afin de les rendre, par ce moyen, capables de travailler d'abord pour leur intérêt personnel, et de travailler à leur tour au bien-être de tous. A mesure que leurs sentiments se développeront, de nouveaux besoins se feront sentir soit pour l'amélioration de leur existence, soit pour la prospérité de la famille. Le travail et la famille, c'est bien par là que doit commencer l'établissement des lois humaines ; malheureusement, il faut encore continuer ou plutôt, organiser des lois arbitraires ; mais il vaut mieux les établir, afin d'avoir plus tard le droit de les modifier. C'est pour cela que la guerre était un besoin chez les peuples primitifs : elle les sortait d'un état de sauvagerie qui n'a ni bornes ni raison ; elle fit germer en eux l'amour de la gloire et de l'honneur, et put détourner du crime ces natures incultes qui ne connaissent pas le prix d'une existence.

J'écoutais avec un intérêt croissant les paroles de mon guide, et je me reportais aux premiers temps de notre pauvre globe ; je compris pourquoi les esprits qui apparaissaient parlaient avec une telle autorité ; il y en a même qui allaient jusqu'à se nommer *le Dieu vivant*. Et toutes ces communications qui paraissent suspectes aux gens éclairés avaient leur raison d'être à cette époque où les hommes habitaient la terre pour la première fois ; ils venaient d'une planète inférieure, comme celle que j'ai décrite, ils n'avaient que des notions incomplètes de l'avenir de l'âme, et ne voyaient et ne comprenaient que le bien-être de la vie matérielle. C'est pour cette raison que les esprits qui leur apparaissaient leur disaient : « Dieu veut que vous livriez un combat contre telle nation, telle tribu, et vous serez victorieux malgré le nombre supérieur de vos adversaires, car le Seigneur combattra avec vous. » Ou bien : « Tu offriras un sacrifice au Dieu vivant, si tu veux qu'il exauce tes vœux. »

En lisant ces passages dont l'Ancien Testament abonde, on se demande si Dieu n'avait pas alors abdiqué sa puissance et sa dignité ; et lorsqu'on compare l'ancienne loi à la doctrine du Christ, on est tenté de croire qu'il est venu détruire les œuvres de notre Père commun ; c'est pour cela qu'il a été traité de blasphémateur et sacrifié à l'ignorance et aux préjugés du temps, et cependant, il annonçait la vérité sans rien détruire de cette autre vérité qui, à une époque plus reculée, avait sa raison d'être. Mais déjà les hommes étaient plus avancés au temps de Moïse que les habitants de la planète que j'ai visitée, ils avaient sans doute franchi un degré bien saillant, puisqu'ils possédaient la connaissance de Dieu, mais il leur fallait un Dieu au niveau de leurs esprits, un Dieu qui pût parler familièrement avec leurs chefs et entrer dans les détails de leurs intérêts matériels ; il leur fallait un Dieu qui n'accordât rien gratuitement. Tout était échange ou sacrifice, le nombre de leurs années était proportionné à l'observance des lois et au respect dû à la famille et aux supérieurs ; les prétextes les plus futiles étaient mis en avant pour susciter une guerre que Dieu commandait et dirigeait.

Oui, ma mère, Dieu a toléré la guerre, il l'a jugée utile à cette époque où les hommes devaient sortir des langes de l'inaction intellectuelle causée par leur état d'ignorance, il a fallu que le mal donnât son concours actif pour ouvrir l'abcès dans lequel se sécrétait tout ce qu'il y a d'impur et d'adhérent à l'instinct animal, il fallait stimuler les passions afin de pouvoir développer les vertus qui se trouvaient en germe au fond de la plaie hideuse du mal ; il a fallu aiguillonner l'orgueil pour trouver l'amour-propre, l'égoïsme pour faire éclore l'amour du travail, la vengeance pour mettre la justice à jour, l'ambition pour donner essor au génie ; il a fallu trouver au fond de l'avarice la vertu de l'ordre et de l'économie ; la passion du luxe a stimulé l'industrie, et l'amour des richesses a fait éclore dans bien des cerveaux des inventions sublimes qui ont été pour le progrès des marches ascendantes.

Il a été utile au siècle d'ignorance d'établir pour la religion des dogmes sévères, afin de maintenir ces âmes rebelles dans la crainte de Dieu, jusqu'au moment où leur intelligence pût les guider dans le chemin de la foi éclairée. Mais ce qui était nécessaire à cette époque fut réprouvé dans les siècles de lumière. Le Christ défendit la vengeance et la guerre, sans toutefois rien désapprouver de la doctrine de Moïse, et ces deux esprits en mission étaient, l'un et l'autre, dans la vérité.

L'esprit ne dégénère point, la vertu ne peut pas faire éclore le vice, c'est pour cela que notre humanité marche toujours en avant. Tout se lie et s'enchaîne, les âmes sont solidaires parce que, tout en expiant, elles se dévouent pour des êtres arriérés ; les mondes aussi sont solidaires et sont tous soudés les uns aux autres ; ils montent ensemble, bien lentement, il est vrai, mais enfin, ils s'élèvent pour s'épurer comme les âmes, parce que rien ne doit être indigne de Dieu.

CHAPITRE XXVI

Dans le pays des Songes

Le même phénomène qui avait si vivement inquiété Mme Marcel au sujet de Ludovic se renouvela au début d'un nouvel entretien, mais cette fois sans l'effrayer ; elle s'en réjouit au contraire, elle savait que c'était l'esprit de son mari qui venait se communiquer à elle.

— Je viens, mon épouse chérie, te dire combien je me trouve heureux depuis que mes yeux se sont ouverts à tout ce que le trouble de mon âme m'empêchait de découvrir. Tout est vie, tout est lumière pour moi maintenant ! je ne trouve aucune expression capable de te rendre mon bonheur, il me semble que je sors de l'abîme du néant où mes fautes m'avaient plongé. Oh ! la terrible épreuve, lorsque l'espoir s'est retiré d'une âme ! Elle ne voit plus le bien qu'elle a pu faire dans le cours de son existence, le mal seul lui apparaît avec les circonstances aggravantes. Oh ! de quel poids immense je suis allégé ! et combien je désire accomplir dignement la réparation de mes fautes, mais combien aussi vous dois-je de reconnaissance à vous qui avez prié pour moi et qui m'avez cherché et trouvé dans mon isolement, à vous qui par votre dévouement, m'avez abrégé tant de souffrances ! Que Dieu vous bénisse pour tout le bien que vous m'avez fait ! Je laisse à mon fils le soin de te reproduire par la parole les douces impressions que j'ai ressenties avec lui dans nos voyages, car la fatigue me gagne en me manifestant d'une manière aussi nouvelle pour moi. »

— Nous avons fait, ô ma mère, dit Ludovic, une excursion dans le pays des songes. Mon guide nous a conduits dans ce monde silencieux, où l'esprit, après avoir confié pour un moment son corps à la vie organique, va chercher la nourriture qu'il doit prendre dans l'élément qui lui est propre, c'est-à-dire en dehors de la matière.

Les mystères du sommeil sont pleins de charme

et doivent intéresser les personnes qui s'y livrent avec tant de délices puisqu'il absorbe une si grande partie de l'existence. Etudions-le donc avec la science spirituelle, et laissons la superstition qui a si longtemps guidé les gens crédules dans ces recherches intéressantes.

Dans l'ombre où les mortels s'agitent, il y a des êtres dont l'intelligence élevée pénètre sans hésiter dans l'élément spirituel. Nous les avons observés pendant le sommeil ; l'esprit alors se dégage, mais à différents degrés ; on dirait de brillants papillons sortant brusquement de leur chrysalide où ils étaient prisonniers pour s'élever radieux dans l'air. De même l'esprit abandonne son corps pour aller un moment respirer à la dérobée l'air pur des sphères célestes qui est aussi nécessaire à sa nature subtile que la nourriture l'est à son enveloppe charnelle.

Nous en avons suivi plusieurs dans ces promenades nocturnes ; leur chemin semblait tout tracé, ils suivaient la ligne d'attraction, comme, du reste, tout ce qui existe ; ils montaient avec la vitesse de l'air dans de charmants mondes fluidiques où les attendaient des esprits connus et aimés. Leurs visites sont de courte durée, ils semblent pressés de revenir auprès de leurs corps qui subissent pendant ces courts moments d'extase un anéantissement complet. Ces instants d'émancipation peuvent se comparer au vol de l'alouette qui s'élève en chantant au-dessus de son nid, puis retombe ensuite, épuisée de fatigue au milieu des blés fleuris qui la cachent.

Il est rare aussi que le souvenir de ces moments de bonheur reste complet au réveil ; l'oubli est généralement en raison d'un trop grand dégagement de l'esprit, parce que l'organisme n'y a pris aucune part, mais cependant, il reste toujours l'intuition et la sensation d'un bien-être indéfinissable qui est de beaucoup supérieur à celui que procure le sommeil ordinaire. L'esprit, dans ce cas, ne peut se dégager complétement, quoiqu'il assiste à des scènes étranges tout à fait en dehors de ses pensées et de ses actions journalières. C'est qu'il se trouve, sans s'en douter, pendant le sommeil, sur les frontières du monde spirituel où sont réunis généralement beaucoup d'esprits qui ont depuis peu quitté la terre, et par cette raison, sont encore tout imbus de pensées matérielles qui forment des peintures fluidiques représentant tour à tour des contrées éloignées, ou des épisodes de leur existence.

Ces esprits se meuvent dans de petites sphères toutes reliées les unes aux autres, et c'est par ce mélange infini de pensées disparates auxquelles le dormeur mêle aussi les siennes que les choses que vous voyez ne sont jamais d'accord avec la réalité. Ainsi, lorsqu'en songe ; vous voyez votre habitation, elle n'est jamais représentée telle qu'elle est réellement, il y a toujours ou supplément ou suppression de détails; vous la voyez souvent dans un autre pays qui, à son tour, a subi bien des changements ; les personnes que vous connaissez sont susceptibles de bien des métamorphoses; c'est que, dans ce mouvement de fluides mélangés, il ne se trouve pas de lois pour les diriger ; sur ces limites de la vie règne presque toujours la confusion, et celui qui sommeille ne se trouve pas assez dématérialisé, il n'a pas la liberté d'agir comme il le voudrait, il subit toujours une volonté étrangère et supérieure à la sienne.

Il arrive souvent que des esprits légers se plaisent pendant le sommeil à présenter des tableaux assez bien suivis représentant des choses effrayantes afin de causer de l'inquiétude au réveil. On peut avoir également dans les songes des révélations par des esprits qui vous portent intérêt, soit pour vous prévenir d'un danger ou pour vous donner de bons conseils, mais il arrive souvent que, dans les rêves, la mémoire manque sur des détails intéressants, tandis que d'autres, quelquefois sans importance, restent bien clairs dans votre souvenir : c'est que la mémoire n'est pas une faculté qui peut se généraliser, elle ne peut pas, par conséquent, se localiser dans un organe spécial; on peut avoir la mémoire pour différentes choses et ne point en conserver pour d'autres, elle semble planer au-dessus des facultés les plus développées de l'organisme, l'on peut même résumer le caractère et les aptitudes d'une personne en faisant appel à ses souvenirs. La mémoire, pendant l'état de veille, est souvent une réminiscence des existences antérieures, ces souvenirs sont vagues, il est vrai, mais ils mettent en évidence dans votre intelligence vos aptitudes les plus saillantes. Nous avons remarqué des esprits qui profitaient de ce que leurs corps étaient engourdis par le sommeil pour se livrer à des occupations tout à fait en dehors de leur position et de l'instruction qu'ils ont reçue.

Ce que nous avons observé avec le plus grand intérêt, c'est le sommeil des jeunes enfants : leur esprit est beaucoup plus dégagé que chez les adultes, c'est pendant ces moments qu'ils se fortifient dans le monde qu'ils viennent de quitter, mais chose très-remarquable, c'est que plus l'enfant est en bas-âge plus son esprit conserve sa nature réelle, rien ne ferait supposer qu'il anime le corps d'un jeune enfant si on ne l'avait vu l'*envelopper*, il y a un instant; car, je l'ai dit, l'esprit ne pénètre réellement dans le corps que lorsque les organes sont préparés à le recevoir, il possède donc, par conséquent, beaucoup plus d'indépendance pendant le sommeil, il retrouve les esprits qu'il a quittés pour venir subir une nouvelle existence, et il éprouve un bonheur réel à se retrouver au milieu d'eux, ce qui explique facilement les cris et les pleurs de ces petits êtres à leur réveil.

Nous avons vu ensuite des enfants d'un âge plus avancé; leur sommeil est très-doux, il est protégé par de bons esprits qui veillent sur eux, ils leur présentent des peintures agréables en rapport avec leurs jeux et les goûts de leur âge; on peut appeler leurs songes des rêves d'or, parce que l'esprit ne prenant que progressivement son rôle dans la vie matérielle, il est encore exempt des soucis dont elle est remplie.

Voilà, ma mère, ce que nous avons vu et ce qui nous a intéressés au plus haut degré. Dieu dissipe le brouillard intense qui cache les plus intéressantes choses de la vie spirituelle et de la vie matérielle, la lumière surgit de toutes parts, mettons-la en évidence afin que chacun puisse marcher d'un pas sûr dans le chemin de la foi et de la raison.

CHAPITRE XXVII

Spiritisme et magnétisme

Mon guide, avant notre excursion journalière, nous parla ainsi :

Puisque rien n'est indifférent aux esprits qui s'intéressent au bien et au progrès des mortels, cherchons ce qui peut être propre à adoucir les épreuves et les douleurs.

La maladie est bien de tous les maux le plus terrible à supporter. Il y a sur la terre des êtres instruits des vérités spirituelles, ils sont en communication avec des esprits supérieurs qui les assistent par l'inspiration ; ces esprits ont reçu la mission de contribuer, par leur influence et ce qu'ils ont acquis par l'étude de la propriété des fluides, à aider les hommes dans leur œuvre de charité.

Je vais vous conduire dans un de ces sanctuaires dépouillé de tous les ornements qui rappellent encore le besoin du culte extérieur. Là sont réunies des personnes qui correspondent avec les esprits par le moyen d'interprètes doués des facultés nécessaires pour en recevoir les communications.

O ma mère, il est bien utile, dit Ludovic, que je t'entretienne de ce moyen d'entendre encore les paroles consolantes de ceux que l'on a aimés et qui nous ont précédés dans le monde spirituel : les liens qui m'unissent à la vie sont si faibles !...

— O mon fils ! viens-tu donc m'annoncer un malheur ? me prépares-tu doucement à une séparation ? Je m'abandonnais avec tant de confiance à mon bonheur !...

— Je ne puis, ma mère, te préciser le moment de ma délivrance, mais je m'aperçois que je ne puis plus m'élever, comme par le passé, dans les régions supérieures, il faut que j'entoure mon corps avec plus de sollicitude, et mon guide ne permet plus que je sorte de l'atmosphère terrestre. Ah ! cependant, ce n'est pas là que je dois rencontrer Marie !...

Mais je reviens à te faire le récit de ce que j'ai vu. Mon guide nous a conduits au milieu d'une réunion composée de mortels et d'esprits, et l'ange qui présidait à cette réunion forma avec sa pensée un arbre immense au milieu d'une vaste campagne, c'est là qu'il fit grouper son auditoire. Ce tableau n'était visible que pour les personnes qui possédaient la vue spirituelle. Mon esprit se plaça près de l'arbre et donna cette instruction suivante :

« Mes amis, la source de toute science réside principalement dans la combinaison des fluides.

» Le fluide végétal a fourni d'abord son contingent, parce qu'il a facilité la croissance des plantes et le maintien de cette terre où vous posez vos pieds.

» Ce travail est immense et invisible à vos yeux ; peut-être aussi négligez-vous de l'étudier, mais vous verrez plus tard qu'il sera d'un enseignement salutaire, pour vous surtout qui vous préoccupez avec raison des différentes qualités des fluides, parce qu'ils sont appropriés suivant la constitution physique des hommes et des plantes. Observez d'abord que la vigne n'aspire pas les fluides de la même manière que l'épi de blé ; que les fleurs dans leur simple graine jetée au sein de la terre ont chacune un mécanisme différent pour se nourrir, se développer et recevoir les qualités qui leur sont propres. La création est un grand tout, mais chaque insecte, chaque pepin, chaque graine sont des personnalités.

» Cherchons maintenant au fond de la mer, ce vaste abîme où les gaz de la terre s'échappent par flots au milieu de sa masse liquide ; cherchez ses habitants, vous les voyez tous divisés par familles ; il y en a de monstrueux qui se nourrissent des faibles, il y en a aussi qui font la richesse de vos parures, et cependant tous ces êtres vivent dans le même élément, dans le même réservoir.

» Remontez maintenant, et voyez les oiseaux, depuis l'alouette matinale, jusqu'à l'aigle dans son aire, depuis la poule qui couve ses poussins, jusqu'au vautour qui les dévore, vous trouverez encore ces êtres vivre et respirer ensemble le même air, les mêmes fluides, et pourtant comme ils sont différents de nature !

« Voyez les hommes, depuis le sauvage dans ses épaisses forêts, jusqu'à l'homme civilisé qui respire à grands traits les effets bienfaisants d'une intelligence avancée ; tous ces êtres ont le même ciel, le même soleil, le même Dieu, et cependant un abîme les sépare.

Rapprochons-nous maintenant de vos études. Voyez ces malades que l'on apporte à vos pieds, ils souffrent beaucoup, mais chacun d'une manière différente ; ils attendent de vous, hommes sérieux et compatissants, le fluide qui guérit. Eh quoi ! la médecine serait supprimée, les études de ces savants deviendraient nulles, et cependant ils ont fait leur possible pour appliquer tel remède à telle maladie. C'est que la routine s'était établie sans façon dans leur cabinet de travail, ce qui n'a pas empêché bien des mortels de mourir forcément, parce que la routine n'a jamais connu la science ; la science de guérir par le magnétisme ne peut devenir routine, sous peine de tomber dans l'abus.

Chaque maladie doit être traitée séparément, c'est-à-dire que le magnétiseur ne peut avoir une méthode, et pratiquer sur tous ses malades de la même façon. Il faut, lorsqu'on magnétise un malade, le dégager d'abord des fluides malsains qui l'entourent, s'appliquer à bien connaître son mal, le pénétrer par la pensée, mais surtout par une pensée charitable et sympathique. Puis imposez-lui les mains en priant, ou regardez-le, car vous avez des sens qui dégagent plus facilement que d'autres les fluides, surtout le regard et le toucher. Pénétrez-vous de l'idée que vous êtes le récipient où les esprits déversent le fluide spirituel approprié à telle ou telle maladie. Lorsque vous avez un guide familier attaché à votre mission, c'est lui qui doit choisir, préparer, condenser les fluides propices au malade que vous soignez ; il faut donc tout à la fois vous identifier avec le mal que vous voulez guérir, et, par la confiance que vous devez aux esprits, prêter votre corps à la transmission du remède fluidique; par ce moyen votre corps deviendra un alambic qui distillera les remèdes invisibles, mais il faut, avant tout, que vous chassiez de votre cœur toutes les passions qui l'assiégent.

Ne me parlez pas d'un fluide guérisseur qui escaladerait une montagne d'ambition, qui franchirait un précipice d'orgueil, qui se vautrerait dans des passions impures : cherchez d'abord à balayer votre maison avant de l'orner, et vous obtiendrez des résultats qui dépasseront vos espérances.

Voyez les plantes, elles contiennent toutes ou la mort ou la vie : si elles sont mal constituées, elles aspirent dans le sein de la terre par leurs nombreuses racines un fluide empoisonné, parce qu'elles sont comme les égoïstes, elles ne visent qu'à vivre pour elles, et cependant, à leurs côtés, poussent des plantes bienfaisantes qui soulagent les douleurs et rendent le calme à ceux qui ont perdu le sommeil ; le bien et le mal se coudoient dans toute la création et dans tous les éléments. Vous en voyez la preuve. Eh bien ! dans le monde des esprits, et dans l'atmosphère qui enveloppe votre terre, il y a des gaz, des fluides impurs qui sont attirés par les passions. Il y a dans l'espace des esprits qui en sont saturés, ils descendent parmi les mortels comme le vautour descend sur la couvée, et là, goutte à goutte, molécule par molécule, ils vous pénètrent de mal dans votre corps et de mauvaises passions dans votre esprit ; c'est pour cela que les messagers de Dieu remplissent en ce moment une mission admirable que vous comprendrez par la suite, parce que vous y coopérez par votre dévouement.

Les esprits supérieurs se dispersent dans toutes les directions de la terre et groupent autour d'eux les esprits errants qui prennent plaisir à revenir parmi vous pour satisfaire des passions vives et que la mort n'a pu éteindre ; ces esprits aux pensées charnelles excitent leurs propres passions en vous, et ceux-ci sont plus dangereux que les criminels qui gémissent dans les prisons du remords. Ceux dont je parle sont libres, mais ils souffrent de leur passion dominante, telle que l'ambition qu'ils viennent inspirer à des hommes disposés à subir leur influence, l'ivrognerie à d'autres, parce qu'ils ont soif, toujours soif, et qu'en s'assimilant à un homme disposé à recevoir cette influence, ils assouvissent encore cette passion lorsque cet homme boit. Les paresseux inspirent la paresse, les avares inspirent l'avarice, et votre société serait toujours infectée de ces passions terribles si les esprits ne retiraient charitablement ces malheureux pour les instruire et les perfectionner.

Vous, de votre côté, secondez leurs efforts, travaillez de concert pour purifier votre humanité, parce qu'en défrichant le chemin que vos enfants doivent suivre, vous savez bien que vous préparez le vôtre pour l'avenir.

La grande loi de la solidarité commence dans les régions supérieures des mondes, et cette chaîne non interrompue vient se fixer profondément dans la terre ; tout se lie, tout doit s'unir, c'est-à-dire que le mal doit disparaître de ce globe, et il disparaîtra seulement lorsque les hommes et les esprits travailleront d'un commun accord pour détruire les mauvaises passions.

Le spiritisme est la racine de ce grand arbre, sa sève doit circuler dans toutes les branches de la science, et nous n'aurons de découvertes sérieuses que par lui, parce qu'il ne reste pas stationnaire, il monte toujours, toujours, à la découverte de nouveaux prodiges, il ouvre la porte à tous les horizons, c'est par lui que vous guérissez les souffrances de vos frères, et c'est par lui que vous avez vaincu la mort.

Il n'y a plus d'inconnu, plus de néant, plus de doute, il comble ces abîmes dans lesquels venaient se jeter tête baissée des quantités innombrables de matérialistes, il a fait un pont qui correspond de votre terre au monde des esprits, il fait venir à vous ceux que vous pleurez, ceux que vous aimez, et pour que la part soit égale, il donne à des esprits incarnés le droit de passage sur ce pont.

Par des visions spirituelles, il leur montre ces brillantes sphères habitées par des esprits supérieurs, il les promène pour un instant au milieu de cette patrie que vous devez tous habiter, puis ils reviennent ensuite vous rapporter ce qu'ils ont vu et entendu afin de vous maintenir dans la foi, de vous donner l'espérance et surtout cette vertu surnaturelle qui confond en soi toutes les autres : la charité.

CHAPITRE XXVIII

Les quatre fontaines

O ma mère, on s'étonne parfois de la fécondité de l'intelligence humaine et de la facilité avec laquelle elle enfante les idées qui amènent le perfectionnement dans la marche du progrès ; mais de quelle richesse incomparable sont doués les esprits supérieurs, quelle pureté de langage, que de saisissantes peintures décorent leurs pensées pour en graver plus profondément le souvenir !

La science et la morale sont enseignées d'une manière agréable, qui rend attrayant ce qui est sérieux ; les instructions matérielles et spirituelles sont liées avec tant de délicatesse et d'harmonie, que le contact de ces deux choses si opposées ne choque par aucune transition.

Il faudrait un langage bien supérieur au mien pour retracer avec fidélité tout ce que j'admire et ce que j'entends, mais je me laisse entraîner par la beauté des lieux que je visite, et je ne puis que bien imparfaitement reproduire mes impressions.

Mon guide nous a conduits près d'un vaste champ fraîchement labouré par un vieillard courbé sous le poids de l'âge, qui jetait une semence dans les sillons qu'il venait de tracer. Son travail terminé, il alla se reposer à l'ombre d'un vieil arbre, et là il tomba aussitôt dans un profond sommeil.

« L'homme laborieux, dit mon guide, en me le désignant, est à l'abri des passions et de bien des souffrances, son repos est déjà une douce récompense, parce qu'il est exempt de soucis. »

Le champ près duquel nous nous trouvions était borné par quatre fontaines. Celle du sud représentait un bloc de rocher percé d'outre en outre, et d'où s'élançait une eau bouillonnante et troublée. Elle avait par sa chute creusé dans la terre un bassin étroit et profond. L'ange s'en approcha avec prudence, puis nous fit avancer ensuite ; nous nous penchâmes sur le bloc de rocher, et de là, nous pûmes juger du danger qui existait.

Dans cet endroit, l'eau avait miné le terrain en-dessous en approfondissant cet abîme, et une légère couche de terre recouverte d'un vert gazon menaçait de s'ébouler sous les pas de l'homme assez téméraire pour s'y avancer sans de grandes précautions. « Cette fontaine naturelle, me dit mon guide, représente le danger des doctrines matérialistes qui creusent un gouffre à côté de la base de leurs enseignements. »

Nous nous éloignions de cet endroit, lorsque l'ange poussa de sa main puissante le rocher dans l'abîme en s'écriant : « C'est ainsi que périront toutes les doctrines qui n'ont pas pour base *Dieu* et *l'immortalité.* » Un bruit sinistre se fit entendre, puis une boue impure et infecte rejaillit de toutes parts, mais aussi l'abîme était comblé.

La fontaine de l'ouest formait une colonne triangulaire d'une pierre brute. Trois serpents enroulés autour crachaient l'eau dans trois bassins. Le premier bassin était étroit et laissait échapper l'eau par un conduit qui la recevait pour être reconduite dans sa source. L'ange écrivit au-dessus de ce bassin : « Rien n'est perdu pour la prudence, elle montre ses trésors et les cache aussitôt. »

Le second bassin était large, mais peu profond, et l'eau qu'il contenait était vite embue par les rayons d'un soleil ardent. L'ange écrivit encore : « Les pensées et les actions légères attirent de prime abord, mais elles ne peuvent soutenir le regard pénétrant de la raison et de la justice qui les efface aussitôt. »

Le troisième bassin était large et profond, et l'eau y était toujours abondante, l'ange écrivit au-dessus : « Prévoyant ces charités, votre source sera toujours intarissable ! »

La fontaine de l'est était monumentale, elle représentait une tour carrée au-dessus de laquelle se tenait couchée une lionne allaitant deux lionceaux ; à ses pieds était un nid de colombes. Plus bas encore était formée une grotte naturelle ombrageant une source fraîche et abondante qui fertilisait tout sur son passage. L'ange écrivit : « Un jour, les puissants de la terre ne seront plus la terreur des peuples, ils comprendront que la force grandit lorsqu'elle s'inspire de la paix. »

La fontaine du nord était en porphyre, c'était une colonne très-élevée et de sa pointe aiguë s'élançait à une hauteur prodigieuse un jet d'eau possédant toutes les nuances de l'arc-en-ciel et retombant ensuite comme une pluie de diamants sur un charmant petit parterre émaillé des fleurs les plus rares. L'ange écrivit encore : « Les pensées épurées par la solitude et la prière peuvent s'élever par un mouvement énergique et indépendant vers le ciel, où elles se vivifient par le reflet de la lumière spirituelle en aspirant les prémices de la vérité, puis elles retombent ensuite en effluves abondants dans les cœurs pour les instruire et les consoler. »

A quelque distance de la fontaine, le vieillard laborieux avait repris son travail.

— Que fais-tu là? lui dit l'ange.

— Je trace un sillon dans mon champ pour y faire couler l'eau de cette source précieuse.

— Tu n'y parviendras pas, reprit mon guide, cette eau ne coule pas, elle pénètre, et ne fertilise que l'endroit où elle tombe.

CHAPITRE XXIX

Les fléaux de l'humanité

Il m'a été donné, ô ma mère, de voir dans une pénible vision les fléaux qui ont toujours affligé l'humanité. Ils planent comme des oiseaux de proie au-dessus de la terre où ils ont semé la terreur et la mort, et ils jettent encore les ténèbres dans vos intelligences et le froid dans vos cœurs.

Je les ai vus se distribuer leur tâche, et l'exécuter avec le calme que procure l'accomplissement d'une bonne action.

J'ai vu la jalousie donner la hache à l'ignorance pour élever la croix du Golgotha, c'est elle qui a dressé les bûchers, et l'hypocrisie les a allumés. Ce sont elles encore qui affamaient jadis des bêtes féroces pour les lancer ensuite furieuses dans les arènes de Rome contre d'innocentes victimes. Plus tard, elles ont dressé les échafauds et aiguisé la hache du bourreau.

J'ai vu l'ambition fondre des armes et des canons ; j'ai vu les veuves et les orphelins vêtus de haillons répandre des larmes amères sur les poutres noircies de leurs chaumières incendiées.

La jalousie a forgé des chaînes et bâti d'épaisses forteresses, au fond desquelles elle a creusé de noirs et humides cachots. Elle a tenu la vérité et la lumière sous sa tutelle et les a étouffées de ses serres aiguës, comme fait l'aigle du passereau ; elle a bu leur sang et rongé leur chair, puis elle a jeté leurs cadavres osseux en dehors de son aire comme une proie inutile. Mais ces squelettes se sont redressés sous l'impulsion de l'ambition qui les exhibait comme un épouvantail. A leur vue, les ignorants se sont épouvantés, ils n'ont plus voulu ouvrir les yeux pour les voir, et ils ont demandé qu'on les guide.

O ma mère ! que la vérité est triste à voir ainsi dénaturée par le mal ! Pour les mortels, elle est toujours enveloppée d'un voile discret et mystérieux, jusqu'au moment où la science fera tomber cette ténébreuse enveloppe.

Le corps cache bien de coupables vérités qui se dissimulent dans les replis du cœur humain. Vous ne voyez pas sous l'enveloppe charnelle les haines, les jalousies qui s'y fomentent sans cesse ; vous coudoyez avec la même indifférence celui qui prémédite un crime que celui qui nourrit des idées franches et loyales. Chaque créature a autour d'elle un monde de passions, de pensées, de désirs, d'espoir, de tristesse, de souffrance et d'amour, mais le corps ferme toutes ces vérités aux yeux des mortels et elles ne sont visibles qu'à la vue spirituelle.

Il y a, dans l'espace, des musées éternels dont les peintures inaltérables conservent fidèlement toute l'histoire de l'humanité ; on y voit des scènes bien tristes, bien touchantes, mais elles marquent la marche du progrès accompli. Il y a aussi dans le monde spirituel d'autres peintures qui restent voilées à bien des esprits ; elles sont la propriété des intelligences supérieures qui les reçoivent des hautes régions comme un dépôt sacré, et ces esprits ont ordre de faire descendre ces peintures de degré en degré une à une sur la terre. Ce sont les tableaux de l'avenir préparés par l'Être suprême dans le conseil de sa sagesse.

CHAPITRE XXX

Un point noir dans l'avenir

Au début de cet entretien, le visage de Ludovic prit une expression de tristesse qui affecta péniblement Mme Marcel ; il avait des sanglots dans la voix en s'adressant à son guide.

« O mon ange, lui disait-il, le découragement me gagne encore, et mon esprit subit une pesanteur nouvelle ; je sens que je ne puis m'éloigner de l'atmosphère terrestre, si lourde pour moi maintenant. Serais-je donc condamné à reprendre mon corps, à l'animer de nouveau, et à marcher sur la terre comme au milieu d'un désert aride ? J'ai tant goûté de bonheur, et je me suis nourri de si douces espérances, que je ne pourrais supporter la vie avec de tels souvenirs. Je serais un être inutile, un fardeau pour ma mère, et ma fille ne trouverait en moi qu'un père sans énergie pour diriger sa jeunesse. Est-ce un sommeil léthargique qui a tenu mes sens ensevelis dans l'inaction si longtemps? Oh ! alors, qu'il me garde encore, je ne veux plus ouvrir les yeux aux choses de ce monde, je ne veux plus fouler cette terre impure après avoir plané dans des sphères si belles ; l'herbe des champs n'a plus de fraîcheur auprès des oasis où je me suis reposé ; rien ne pourra flatter mon oreille après les célestes harmonies qui l'ont si délicieusement caressée ; les paroles que les hommes prononcent n'expriment rien auprès de ce langage vivant qui parle sans bruit et qui se meut sans organes ; ma bouche s'est nourrie de fluides parfumés dans les laboratoires de l'immensité, et elle ne pourrait maintenant broyer la nourriture grossière pour alimenter ce corps débile.

» Oh ! mon ange, emmène-moi, soulève-moi sur ces fluides embaumés qui possèdent la vie et la force, dis-leur qu'il m'entraînent encore dans ces lieux !...

» — Pourquoi murmurer ainsi, dit l'ange, lorsque tu te charges d'une mission de dévouement pour ton père ? Tu étais résolu, lorsque tu l'as découvert dans sa triste retraite, à ne plus le quitter afin de l'aider à souffrir, et, maintenant qu'il a reçu la liberté pour nous suivre dans nos excursions, tu te plains du changement subit de nos voyages dans l'espace ; tu dois comprendre cependant que son âme n'est pas assez dégagée, puisqu'il n'a pas encore entièrement réparé ses fautes ; par conséquent, il ne pourrait nous suivre dans d'autres lieux, au-delà de l'atmosphère terrestre. Il ne peut s'approcher de ton corps pour se communiquer à ta mère, si tu ne l'assistes de ta présence ; et, c'est dans un de ces moments surtout que ton âme se remplit de tristesse. Prends courage, et prie sans cesse pour celui qui doit se perfectionner à ta suite.

» Eloignons-nous un instant, viens te distraire de tes tristes pensées auprès des peintures permanentes qui raniment la foi, puisqu'elles sont marqués du sceau de la vérité. Viens, nous soulèverons un coin du voile qui cache l'avenir, et nous interrogerons les décrets immuables du Tout-Puissant pour les comparer aux désirs vains et passionnés des hommes.

» Regarde ce tableau, il est triste et navrant, il ne représente qu'une chose : des armes et du sang. Vois comme le ciel est sombre et comme il menace d'une sourde tempête, vois plus loin les vagues qui se soulèvent et qui montrent, rapides comme l'éclair, des guerriers qu'elles engloutissent aussitôt !

» Quelle est donc cette déesse qui s'avance sur un nuage empourpré, et qui jette au sein des flots deux couronnes d'or ?

» Regarde maintenant, le calme s'est fait, vois ce beau ciel bleu, cet astre resplendissant qui métamorphose les larges gouttes d'eau que la tempête a jetées sur les feuilles frémissantes, en diamants étincelants ; vois aussi ces contrées ravagées, mais qui possèdent maintenant le calme profond qui succède toujours aux grandes tempêtes ; regarde les flots unis, mais troublés, promenant lentement les débris de leur lutte, et puis, sur le rivage humide, ces milliers de victimes qui attendent la sépulture.

» Une femme s'avance, c'est elle qui a calmé la tempête ; elle creuse leurs sépulcres, puis, après avoir recouvert ces morts du drapeau de la patrie, elle trace ces mots sur la lourde pierre qui les cache aux vautours : « Morts, dormez en paix quelques instants, et lorsque je frapperai sur vos tombes oubliées, vous vous relèverez tous, non plus pour combattre, mais pour garder le trésor le plus grand ici-bas : la liberté. »

» Regarde encore au loin cet épais brouillard qui obscurcit l'horizon : ce n'est pas de la poussière que le vent soulève sur ses ailes puissantes, ni les nuages qui s'abaissent lentement sur le sol, ni la fumée qui couve un immense incendie, ni la poudre brûlante des combats ; c'est un fluide épais et obscur qui est dirigé d'un seul point, mais il est trop lourd pour avancer, trop compacte pour s'étendre, il reste forcément stationnaire, il enveloppe seulement ceux qui l'ont formé, il les oppresse et les étouffe comme un cauchemar horrible, il égare leur raison toujours davantage, car ils ne voient plus la lumière, et le reste du monde leur devient étranger.

» Laissons le mal, qu'il s'enferme au milieu d'impénétrables remparts, ne nous approchons pas, il est doublement dangereux lorsqu'il est médité au sein de l'orgueil et de l'ambition. Il y a dans dans ce brouillard de sombres cavernes qui se referment aussitôt sur ceux qui s'y engagent, et, dans ces épaisses ténèbres, ils ne peuvent plus retrouver le chemin de la liberté, il y a des peintures terribles formées par l'esprit du mal, qui mettent la mort dans le cœur et le désespoir dans l'âme ; il y a des démons et des flammes qui consument toujours ; il y a des anges aux bras terribles, armés de la verge vengeresse ; leurs fronts sont plissés, leurs yeux étincellent de colère, ils jettent des chaînes sur des légions d'âmes qu'un monstre aux ailes noires et hideuses entraîne ensuite dans l'abîme ; il y a aussi un Dieu qui tient d'une main des monceaux d'or et de l'autre des anathèmes.

» Fuyons ce lieu, il est plein de danger pour l'esprit de ton père ; ces peintures feraient renaître en lui les appréhensions de la justice divine. si m. définie par les hommes chargés de la direction des âmes.

— » O mon guide, reprit Ludovic, tu viens de nous montrer une prophétie vivante qui menace la terre, et ces décrets, nous dis-tu, viennent du grand conseil de la sagesse divine. Cependant Dieu n'aime point voir verser le sang de ses enfants, il a horreur de ces guerres fratricides qui ne servent qu'à exciter les haines et entretenir d'éternelles revanches. Les hommes de bien déplorent ces désastres, et font leur possible pour les faire disparaître de ce pauvre globe ; Dieu ne pourrait-il donc pas, dans sa puissance infinie, confondre les agitateurs qui suscitent de tels désordres ?

— » Tu parles, répondit l'ange, comme si tu ne

connaissais pas les lois du libre arbitre, respectées même de Dieu. Le tableau que tu viens de voir est la conséquence de l'orgueil et de l'ambition ; c'est l'écume qui paraît sur la cime de la vague agitée, c'est la crasse qui monte à la surface du bouillonnement des passions.

» Il y a, dans les mauvaises pensées, une force qui les élève et les masse par la loi d'attraction, en fluides compactes, sur lesquels les esprits, encore tout imbus du venin de la haine et de la vengeance, viennent à leur tour déposer leur force de volonté et d'action ; alors l'esquisse étant formée, la peinture se développe, à mesure que d'en haut et d'en bas les volontés se rencontrent, et ces tableaux, semblables à un nuage gros de tempêtes, pèsent sur les nations où le fléau doit se déchaîner, et sur la terre il y aura des guerres, jusqu'au jour où le dernier trône sera renversé, parce que l'ambition est toujours cachée sous le manteau de pourpre des souverains.

— » O mon guide, dis-moi si la prière peut détourner ces fléaux de la terre ; la prière doit être comme le vent du nord qui chasse au loin les nuages qui s'amoncellent sur une contrée.

— « Oui, mais encore faut-il que les prières soient dirigées du côté où le mal réunit ses forces ; il faut qu'elles soient unies dans un même sentiment, afin qu'elles aient plus d'action pour donner une vigoureuse secousse qui disperse les mauvaises influences, mais lorsque le tableau du mal est achevé, l'accomplissement en est proche.

» Prions donc pour l'avenir, prions pour que la sagesse détrône l'orgueil, et que le dévouement règne à la place de l'ambition.

» Allons maintenant visiter la contre-partie de ce que nous venons de voir ; car, si le mal travaille avec ardeur, et si ses actions sont toujours si bien combinées, il y a aussi des hommes qui pensent le bien et qui s'entendent pour le faire triompher avec les esprits désincarnés du même ordre.

» Vois cette contrée qu'éclaire un jour sans nuage, et ces quantités de travailleurs qui préparent une route facile pour le progrès ; ils savent que la meilleure manière d'éteindre les haines c'est d'élever l'intelligence. Vois ces hommes laborieux dont les têtes sont blanchies bien plus par les veilles que par les années, ils sont en tête-à-tête avec un travail opiniâtre, ils achèvent et perfectionnent des chefs-d'œuvre dont ils ne jouiront sans doute pas.

» Le vaste chantier où sont réunies les pensées de tant d'hommes de génie ressemble aux préparatifs d'une exposition universelle, où l'industrie et l'art vont se confondre ; la science par l'élévation et la profondeur de ses recherches formera la base et le dôme de ce vaste édifice. Regarde ces travaux immenses, esquissés sur une grande étendue de terrain, ce sont des canaux qui vont bientôt conduire l'eau dans le désert ; vois ce vaisseau dont la forme ressemble à celle de la baleine, et auquel on veut donner sa force et son agilité, afin qu'il puisse comme elle braver les tempêtes. Mais quelles combinaisons ! quelle tension d'esprit ! que de déceptions et de richesses enfouies avant de pouvoir atteindre ce but ! Encore dix années de travail et de sueur avant l'achèvement de cette œuvre gigantesque !

» Vois encore, près de ce vaisseau, ce chimiste penché sur son creuset, où il verse goutte à goutte des essences qui vont réduire des matières en incandescence comme un petit lac d'argent. Cet homme est un génie, il travaille dans le secret et ne révèlera son œuvre que lorsqu'elle sera achevée, car l'idée qu'il poursuit paraîtrait impossible ; cette découverte doit produire une grande révolution dans l'industrie, elle remplacera avec avantage et par une simplicité d'action extraordinaire les combustibles et l'éclairage qui paraissent pourtant avoir reçu aujourd'hui tout leur perfectionnement.

» Cet homme réussira, mais il ne jouira pas des bénéfices de son labeur ; il usera sa vie, et, lorsqu'il poussera ce cri que l'homme de génie refoule jusqu'au moment où il peut offrir à la société les bienfaits de son travail, lorsqu'il s'écriera : « *J'ai trouvé !* » il cessera de vivre, il n'aura conservé de vie que pour le terminer.

» Vois encore ces hommes dévoués qui cherchent à simplifier le mode d'instruction, tout en le rendant agréable à la jeunesse qui, jusqu'à ce jour, a souffert moralement et physiquement de l'aridité de ses études, et éprouvé tant de chagrins avant l'âge.

» Regarde ces manuscrits moitié achevés où sont tracés des mots sans ordre et incompréhensibles au commun des mortels ; ce sont des ébauches précieuses que la mort est venue interrompre, mais d'autres chercheurs sont venus reprendre ces travaux intéressants qui doivent être un jour le dernier mot de la solidarité des peuples : c'est le grand problème de l'unité de langue et d'écriture pour toute la terre. Mais que de jours se passeront avant que cette étude soit devenue générale et obligatoire !

» Vois aussi ces machines simples et commodes, nouveau genre de charrues dont la vapeur fera tous les frais de force et de vitesse ; vois comme le socle s'enfonce profondément dans la terre ; et comme la vapeur qui s'échappe à dessein par une soupape pratiquée derrière ces instruments aratoires, détruit des millions de larves qui seraient sous peu de jours autant d'insectes nuisibles ! Le laboureur n'aura qu'à l'entretenir de feu et d'eau. Quelle économie de temps et d'argent !

» Et cette nouvelle faucheuse, à vapeur aussi, qui court çà et là dans cette prairie, avec ses quatre faux dont deux placées en avant coupent et chassent l'herbe devant la machine, pendant que deux autres immenses placées de chaque côté, toujours en avant, fauchent de droite et de gauche, en même temps que les fourches recourbées qui y sont adaptées rejettent le foin de côté avec une grande célérité.

» Quelle simplicité dans le mécanisme de cet engin, et avec quelle facilité il se monte par son propriétaire pour être transporté d'un champ à l'autre par le plus simple attelage !

» Voilà donc maintenant les paysans transformés en mécaniciens habiles et prudents.

» S'il nous était permis de dévoiler tous les grands projets qui se développent maintenant, ces descriptions paraîtraient comme un délire de l'imagination, et cependant, je ne puis m'empêcher d'admirer cette lumière qui se dessine si nettement au milieu de la nuit, en formant sur la mer comme un rayon de l'aurore ; l'astre des nuits s'efface devant cet astre nouveau. A-t-il donc emprunté sa clarté au soleil avec lequel il semble vouloir rivaliser ?

» Les grandes cités n'auront plus de nuit, les hameaux, les oasis les plus reculés recevront également les reflets de cette généreuse lumière. Que vont alors devenir les hommes qui possèdent l'instinct du mal ? Comment parviendront-ils à exécuter leurs méfaits ?

» Cette source de feu qui circule partout, dérive d'une combinaison savante où les fluides atmosphériques mêlent leurs propriétés aux gaz terrestres. Le soleil y contribuera pour une large part, en laissant surprendre ses rayons comme il le fait pour tant de merveilles déjà connues, et qui restent, malgré leur évidence, un champ ouvert à de mesquines critiques.

» Le soleil contient dans son foyer toutes les propriétés de la vie et de la puissance d'attraction ; il dirige ses rayons qui aspirent l'eau, et la remontent pour former ensuite des nuages qui alimentent les sources et fertilisent la terre.

» Vois aussi cette quantité innombrable d'écrits, ils sont de bons guides pour la science et la morale, et seront plus tard de précieux souvenirs pour la postérité.

» Mais remarque que tous ces hommes de génie dont les recherches utiles font faire un pas en avant à l'humanité, tous ces hommes ne travaillent pas seuls, ils sont inspirés par des esprits, et poussés par eux à braver les difficultés qui semblent rendre impossible le succès de leurs travaux ; ils ne songent pas à l'intérêt, au bénéfice, ils cherchent à laisser un souvenir utile de leur séjour sur la terre ; ils ont la foi, et cependant ils sont sans cesse découragés par leur entourage, ils ont des luttes de toute nature à soutenir, et malgré cela, ils persévèrent.

» Ce vaste atelier que nous venons de visiter peut bien être appelé « le sanctuaire de la prière, » sans diminuer en rien celle qui s'adresse à Dieu par les aspirations du cœur; mais les hommes qui mettent à découvert et à la portée de tous les bienfaits que l'Etre suprême a jetés à profusion dans la création, ceux-là chantent au Créateur la plus belle hymne de reconnaissance, qui commence par l'amour de Dieu, et finit par l'amour du prochain.

CHAPITRE XXXI

Communication des esprits avec les mortels

Nous venons encore, dit Ludovic, d'assister à une de ces réunions où les mortels se plaisent à converser avec les esprits. Quelle foi ardente anime ces hommes dévoués ! elle est basée sur cette grande vérité, que l'âme, étant immortelle, doit conserver à un plus haut degré le souvenir et l'amitié de ceux qu'elle a laissés dans la tristesse et l'isolement sur la terre.

Les esprits qui assistaient à cette réunion sortaient de l'épreuve du remords ; des guides dévoués les avaient conduits dans ce groupe pour les instruire et les mettre en communication avec les mortels. Les instructions qui s'y donnaient pouvaient être profitables aux uns et aux autres, étant fondées sur les principes de la plus pure morale.

Moi, je te répète, ô ma mère, les paroles que j'y ai entendues à l'état d'esprit, et qui ont été transmises à ces mortels auxquels elles étaient spécialement adressées, par l'intermédiaire de médiums fidèles, qui traduisaient en langage terrestre ce que la voix de l'inspiration dictait à leur intelligence.

Voici ces paroles :

« Le jour de vos réunions est désiré avec un vif bonheur par ceux que vous aimez tant ; ils sentent leurs forces doublées par votre sympathie, ils sont au milieu de vous, et vivent de souvenirs.

» Combien d'esprits abandonnés restent seuls, livrés à leurs mauvais instincts ! ils sont seuls parce que ceux qu'ils ont laissés sur la terre les oublient ; alors le travail de leur transformation devient très-laborieux. Heureux ceux qui comprennent cette union des âmes, qui commence dans les mondes supérieurs, et vient aboutir dans le fond des consciences les plus torturées par le remords !

» Si je me plais à accompagner au milieu de vous cette légion d'esprits — car outre ceux qui nous sont chers, il y en a un grand nombre qui vous sont inconnus — c'est que je trouve que la mission la plus sainte, la plus belle, est l'enseignement pratique de la conversion des âmes.

» Lorsque ces pauvres esprits auront vaincu les passions et les faiblesses qui les retiennent encore dans les liens semi-matériels, ils pourront habiter ces lieux où tout semble inviter à l'amour et à la paix. Ils ont soif de cette eau fortifiante qui coule à flots dans l'urne de la foi et de l'espérance. Qu'ils approchent donc, ceux qui ont été égoïstes, orgueilleux, avares : ils doivent avoir soif de la charité ; qu'ils approchent, ceux dont la vie s'est écoulée dans le doute, ceux qui ont servi la matière, au lieu de se faire servir par elle ; ceux, enfin, qui ont tenu obstinément un bandeau sur leurs yeux pour ne pas voir la lumière ; ceux qui ont pressé, étouffé les suaves aspirations de l'âme pour chercher l'inconnu dans le vague. Qu'ils viennent se désaltérer, le flambeau de la foi les conduira à leur source préférée !

» Et vous, mortels, qui avez marché jusqu'ici au milieu des ténèbres de la vie sans apercevoir les dangers dont elle est entourée, ne craignez plus l'obscurité ; la foi viendra avec sa lumière céleste vous diriger dans la voie spirituelle, vous ne devez plus marcher au hasard.

» Tendez aussi une main fraternelle à ceux qui sont aveuglés par les passions qu'ils nourrissent dans leurs cœurs ; ne craignez pas de les prévenir du danger qui les menace, et n'encouragez jamais par une coupable faiblesse les vices qui empoisonneraient la vie de ceux qui vous sont confiés. Tolérer le mal, c'est vraiment y prendre une part active. Les âmes bonnes et timides cèdent toujours pour avoir la paix, et ne s'aperçoivent point que le bien qu'elles pourraient produire avec une sainte énergie, se fond, si je puis m'exprimer ainsi, comme une boule de neige en face d'un ardent foyer.

» Il est vrai que les mortels doivent supporter patiemment les épreuves qu'ils ont demandées avant leur incarnation, surtout lorsque le dévouement les a poussés à demander la direction d'esprits arriérés, qui ont dû s'incarner dans la même famille. Mais, qu'arrive-t-il, lorsque les mauvais instincts de cette âme que vous avez voulu convertir exercent sur vous sa domination, lorsque votre bonté et votre faiblesse ont courbé sous les exigences d'un despotisme ridicule ? Il arrive que les rôles sont complètement changés ; le mal grandit dans cette âme qui échauffe dans son cœur les reptiles venimeux de l'orgueil et de la colère, et heureux êtes-vous, si déjà vous ne suivez pas le courant des passions de cet esprit dominateur, qui vous pousse devant lui au bord de l'abîme.

» Mais, me direz-vous, il nous est impossible de lutter plus longtemps, j'ai pris patience pour éviter le scandale.

» La patience, mes amis, est une vertu qui n'a sa place qu'à côté des faibles et des souffrants, mais elle devient un défaut, ou plutôt, elle se nomme tolérance, tolérance coupable devant la force du mal.

» Ne laissez donc jamais fléchir votre esprit sous les traits de la tyrannie, soyez forts et vainqueurs dans cette lutte invisible, comme si vous vous trouviez en face d'un ennemi armé pour vous ôter la vie. Si vous demeurez dans le bien avec la foi et le désir de l'accomplir sans faiblesse, Dieu vous assistera, il vous enverra des secours pour abattre l'hydre qui veut vous dévorer.

» Priez donc pour ceux qui vous font souffrir, parce que lorsque vos intentions sont pures et que votre cœur est dévoué pour le bien de l'humanité, le mal ne peut vous atteindre personnellement ; mais, souvent ceux qui vous entourent le reçoivent à profusion, parce qu'ils ne luttent pas contre lui, et vous devenez le récipient où ils déversent les mauvaises influences dont ils sont saturés.

» Que Dieu éclaire ces âmes, qu'il les détourne de l'abîme où elles ont plongé pendant de longues années des regards audacieux ; qu'il les délivre du mal et les élève dans les régions célestes où règne l'amour de la vertu ! »

CHAPITRE XXXII

Une page de l'Evangile

— Nous venons, ô ma mère, d'assister à une réunion composée de simples prêtres et d'esprits timides et ignorants, encore tout imbus des idées superstitieuses, de la mort, du jugement et de l'enfer. Cette assemblée était présidée par les apôtres du Christ ; ils accomplissaient cette œuvre de dévouement, surtout parce que leurs noms avaient exercé un prestige sur les convictions religieuses de ces pauvres esprits ; ils venaient donc charitablement les rassurer, et leur donner confiance en la miséricorde de Dieu.

L'un d'eux prit la parole, et, au nom des autres apôtres, il donna l'instruction suivante :

« Les œuvres du Christ ont été conçues par cette charité et cet amour immenses de l'humanité dont il a été le modèle ; en suivant les instructions qu'il a données, on peut accomplir ses œuvres.

» Dans le monde des esprits comme sur la terre, nous avons continué notre mission en instruisant selon l'esprit de l'Evangile ; nous n'avons rien changé à cette doctrine de charité qui nous a été enseignée par le Christ ; nous n'avons point établi de dogmes nouveaux, point lancé d'anathèmes ; nous n'avons pas non plus sollicité de grade plus élevé que celui d'apôtres du dévouement, parce qu'aucun ne peut le dépasser.

» Dans le monde des esprits comme sur la terre, il y a des ignorants, des incrédules, des fanatiques ; il y a des coupables enfermés dans les remords que leur conscience troublée fait naître. Il faut, à ceux-là, apporter les espérances et non les malédictions.

» Sur la terre, vous avez des incrédules dont le raisonnement vous semble dépasser les limites du bon sens ; vous les maudissez ou plutôt vous les croyez maudits ; mais il faut avoir égard à l'ignorance. Il vient, sur votre pauvre globe, des esprits des mondes inférieurs qui n'ont que l'instinct de la vie matérielle ; ils ignorent complétement l'avenir spirituel qui les attend. Ils sont venus à vous pour que vous les instruisiez, et vous les blâmez ensuite de ce qu'ils veulent trop savoir. Je veux parler, à ce sujet, de cette intolérance si contraire à la charité, de cette orgueilleuse faiblesse qui bénit ceux qui font assaut de fanatisme et d'absolutisme, de ceux qui proclament des doctrines de malédictions, et qui appellent la terreur pour armer leur puissance ; de ceux enfin qui proclament des décrets et qui prétendent les faire signer par Dieu, au nom de leur autorité. Laissez-les faire, la punition qu'ils se préparent sera proportionnée à leur orgueil ; vous serez les humbles disciples de Celui qui a béni et pardonné. Nous ne pouvons accomplir de bonnes actions que lorsque nos cœurs sont remplis d'amour de Dieu et du prochain.

» Lorsque nous avons formé l'Eglise du Christ, il nous a été dit : « Allez partout où vous trou-
» verez du bien à faire ; ne prenez sur vous ni
» or ni argent, et faites ce que je vous ai ensei-
» gné. »

C'est Jésus-Christ qui nous parlait ainsi, celui qui est né dans une étable, et qui plus tard n'avait pas de pierre pour reposer sa tête ; il ne lui fut donné

qu'une croix pour mourir. Il a refusé les trônes et les honneurs, en se tenant en garde contre les piéges qui lui étaient tendus pour le séduire ; il nous disait : « Méfiez-vous des hypocrites qui
» feront briller à vos yeux l'éclat trompeur des
» richesses terrestres ; mon royaume n'est pas
» de ce monde, et ceux qui veulent me suivre
» ne doivent pas y fixer leur ambition ; il n'y a
» que les cœurs droits, humbles et désintéres-
» sés qui pourront atteindre les hautes sphères. »

» Le Christ a dit aussi de remettre l'épée dans le fourreau, et de rendre à César ce qui appartient à César ; il a parlé de pardon à la femme pécheresse qui était à ses genoux, et au larron qui mourait à ses côtés ; il a flétri avec un accent de suprême mépris l'orgueil et l'hypocrisie.

» C'est lui qui nous disait lorsque nous allions sur les bords de la mer pêcher notre nourriture de chaque jour : « Ne vous inquiétez pas de quoi
» vous vivrez demain ; Dieu nourrit les oiseaux du
» ciel, et vous qui êtes ses enfants, seriez-vous
» moins assistés ? »

» Sa vie n'a été qu'un long soupir de souffrance, parce qu'il voyait dans les cœurs qui l'entouraient des défauts dominants, des vices enracinés que sa parole céleste avait peine à détruire. Combien de fois lui avons-nous résisté ! A cette époque, nous n'avions pas encore reçu le don de l'Esprit-Saint, ou plutôt de la médiumnité ; les noms sont changés, mais la grâce est la même ; et, encore, lorsque nous étions rendus à nous-mêmes, étions-nous moins mauvais ?

» Ah ! que l'histoire gagne à devenir ancienne ! combien les hommes qui en sont les héros perdraient s'ils avaient été connus ! que nous avons été coupables ! moi, surtout, lorsque je songe qu'à la voix d'une servante qui me demandait en souriant si je connaissais le criminel Galiléen, mon cœur rougit de honte devant cette innocente victime, et je répondis : « Non, je ne connais pas » cet homme ! »

» S'il y avait un enfer, qui l'aurait mieux mérité que moi ? Il ne faut donc jamais désespérer de la miséricorde divine, ne pas craindre de marcher dans le chemin de la foi, ni éprouver de la honte devant les incrédules. Mais jamais l'iniquité ne reste impunie ; lorsque la coupe est pleine, elle déborde, et le liquide qu'elle contient est celui qui consuma Sodome et Gomorrhe.

» Si Dieu laisse faire le mal, c'est afin qu'il serve de point de comparaison avec le bien, car le bien seul sur la terre s'éteindrait, s'il n'avait un ennemi à combattre. Nous avons eu de notre temps les mêmes luttes dont vous êtes aujourd'hui les spectateurs. Parce que nous prêchions des idées libérales, indépendantes, parce que nous voulions la vérité pour tous, l'on nous traitrait d'imposteurs. Les scribes et les pharisiens de toutes les époques se ressemblent, mais Dieu veille, et lorsque les abus atteignent leur apogée, il renverse d'un souffle tous ces trônes et toutes ces ambitions qui veulent opprimer les consciences et torturer les cœurs.

» Il faut porter les regards bien des siècles en arrière pour retrouver les traces du divin Modèle d'humilité, de charité et de bienveillance ; les successeurs qui depuis tant de générations ont voulu violenter le ciel pour y distribuer des places à leur gré, vont tomber de leur orgueilleuse ascension, et les humbles trouveront cette place honorable dont Jésus voulait parler lorsqu'il disait : « *Les premiers seront les derniers,* » *et les derniers seront les premiers.* »

» Ces paroles tant de fois répétées dans les chaires chrétiennes, sans être jamais comprises, se trouveront réalisées dans cette Eglise orgueilleuse qui semble gouverner Dieu à son gré en le faisant participer à toutes ses petitesses et en le rendant complice de toutes ses intrigues. Non, il n'en sera pas ainsi, la vérité pénétrera les ténèbres de l'erreur, et la foi libre et éclairée brisera ses liens pour s'élever au-dessus des ambitions matérielles ; nous choisirons, nous, apôtres du Christ, des successeurs parmi les pauvres, les humbles et les croyants ; à ceux-là, il leur sera donné d'accomplir les choses que nous faisions, parce qu'ils seront tout en Dieu, et par conséquent, tout amour pour leur prochain. »

CHAPITRE XXXIII

Les fruits de la Charité

Nous avons encore visité une autre école spirituelle, où des esprits peu avancés se livraient à un travail bien pénible : ils cultivaient un sol aride. Les esprits qui les dirigeaient ranimaient leur courage, afin qu'ils ne faillissent pas avant que la tâche fût terminée. A la fin du jour, ils se réunirent pour prendre un modeste repas composé d'un morceau de pain noir, et d'un peu d'eau bien trouble, pour étancher leur soif. Pendant qu'ils prenaient cette nourriture, un esprit leur parla ainsi :

« Comme les ouvriers de la première heure,

vous semblez avoir supporté tout le poids du jour et de la chaleur, et, lorsque la nuit vient interrompre forcément votre travail, vous venez prendre le frugal repas du soir, un peu de pain noir et de l'eau ; votre fatigue et votre tristesse viennent encore assombrir ce pauvre festin.

» Que se passe-t-il en vous ? et pouvez-vous murmurer contre le père de famille qui vous a envoyés à sa vigne ? Non, puisque c'est votre bien que vous travaillez ; mais, comme vous êtes ouvriers de vos œuvres, il faut que vos sueurs elles-mêmes soient cette rosée abondante qui fertilise votre champ et fait pousser les fruits de votre verger. En attendant, Dieu nous donne le nécessaire, c'est-à-dire ce qui vous permettra d'attendre le produit de vos labeurs. »

Ces esprits sont si fatigués, qu'ils se couchent sur le sol et s'endorment. Alors l'esprit se retourne vers ceux qui le secondent dans sa mission de charité, et leur dit :

« Mes amis, pendant que nos protégés se reposent, travaillons dans leurs champs, demandons à Dieu qu'il y répande la rosée bienfaisante qui change le terrain aride en une terre fertile ; faisons des plantations abondantes, et que les fruits mûrissent promptement; que ce ruisseau tari par la sécheresse se remplisse d'une eau saine et limpide, afin qu'à leur réveil ils puissent continuer leur tâche avec plus de courage. Dieu nous récompensera non-seulement de ce que nous faisons pour notre avancement personnel, mais bien plus encore de ce que nous faisons progresser ceux qui n'ont pas toujours suivi la bonne voie. »

Aussitôt, ces esprits se mirent à l'ouvrage, ils découvrirent des sources qui alimentèrent des ruisseaux, d'autres répandaient des coupes remplies de fluides bienfaisants sur des fleurs d'arbres qui, à l'instant, se convertirent en fruits ; d'autres dressèrent des tentes pour abriter les pauvres ouvriers, et y rangèrent de la mousse pour leur servir de couche. Lorsque tout fut prêt, ils retournèrent auprès des autres esprits et les réveillèrent.

« Venez, leur dirent-ils ; appuyez-vous sur nous et ne vous laissez point décourager ; nous avons travaillé à votre champ pendant que vous preniez quelques instants de repos. »

Ils reprirent tristement le chemin du travail, mais en arrivant, quelle ne fut pas leur surprise! leurs arbres courbaient sous les fruits qu'ils portaient, de longs et lourds épis de blé retombaient fatigués de leur poids sur leurs tiges dorées, et semblaient demander qu'on les moissonnât; de l'eau limpide murmurait dans les ruisseaux.

L'esprit protecteur donna à chacun d'eux une coupe dans laquelle ils burent à leur soif; ils cueillirent des fruits qu'ils mangèrent avec plaisir; puis ils se groupèrent et s'écrièrent dans l'effusion de leur joie et de leur reconnaissance :

« Voilà le bien que vous faites en priant pour les esprits souffrants, vous activez le travail de leur délivrance ; si nous étions abandonnés à nos propres forces pour accomplir notre avancement spirituel après avoir mené une vie indifférente, nous serions longtemps réduits à boire cette eau trouble et à manger ce pain noir destinés à ceux qui doivent faire une longue pénitence de leurs fautes passées.

» Ce terrain aride représente la vie insouciante que nous avons menée sans nous occuper de celle qui doit suivre ; ce ruisseau desséché est l'image de vos cœurs égoïstes, et ce pain noir représente fidèlement nos préoccupations matérielles, car il semble être pétri avec de la terre. Vous nous rendez meilleurs en répandant sur nous les libéralités de vos cœurs charitables ; l'envie de progresser nous est inspirée naturellement par le bonheur que vous nous avez préparé.

» Je vous laisse, leur dit l'esprit protecteur, au milieu d'un champ fertile, travaillez-le avec courage, tracez-y des sentiers afin de ne pas fouler aux pieds vos futures moissons. Vous avez compris que le travail est nécessaire aux progrès de l'esprit ; car, en effet, demeurer dans l'inaction au sein même des délices, c'est vraiment appeler l'ennui. Il ne tient qu'à vous de conserver un bonheur relatif qui contribuera en même temps à votre avancement. La terre est féconde, mais il ne faut pas l'abandonner à l'irrégularité des saisons, il faut semer et cultiver constamment la plante qui vient de germer, l'arroser pendant la sécheresse, et la préserver des gelées tardives.

» Vous avez bien compris qu'il ne suffit pas d'arracher de votre cœur les vices qui le gangrenaient, mais qu'il fallait remplacer ce vide par de bonnes actions et de belles vertus. »

CHAPITRE XXXIV

Le supplice des suicidés

Nous avons visité, ô ma mère, tous ces tristes séjours où sont consignés les esprits accablés du fardeau de leurs remords ; nous avons entendu leurs plaintes amères et la prière de leur repentir ; mais rien jusqu'ici ne m'a inspiré plus de pitié et plus d'effroi, que le lugubre séjour où souffrent les suicidés qui ont accompli leur crime avec toute la responsabilité que leur imposaient la raison et le libre arbitre.

Mon guide nous a conduits près de ceux qui avaient subi une première épreuve qui consiste à ressentir les douleurs physiques occasionnées par le genre de supplice choisi par eux.

J'en ai vu qui se débattaient avec acharnement sous l'eau où ils avaient cherché la mort ; d'autres avaient encore la figure toute violacée, et les yeux à fleur de paupières, sous la pression des liens qui les avaient étreints ; d'autres tenaient encore dans leurs mains crispées l'arme qui avait déchiré leur poitrine ou fracassé leur crâne ; d'autres tournoyaient dans l'espace, comme s'ils étaient lancés avec force d'une hauteur prodigieuse pour venir ensuite se briser sur des rocs aigus. J'ai vu ceux qui avaient demandé la mort aux émanations de gaz délétères, et ceux qui s'étaient ouvert l'artère pour en laisser couler lentement la vie.

O ma mère, mon cœur était déchiré de douleur à la vue de tant de souffrances ; les soupirs, les pleurs de ces malheureux formaient dans leur ensemble la plainte de la plus douloureuse agonie. Mon guide s'approcha d'eux pour dissiper les fluides âcres et brûlants qui les faisaient tant souffrir, et aussitôt les armes qui avaient servi à perpétrer leur crime tombèrent de leurs mains, l'eau où se débattaient les noyés s'écoula rapidement, les liens des pendus se détendirent, les veines ouvertes se cicatrisèrent, et ceux qui tournoyaient dans l'espace tombèrent sur un fluide qui atténua leur chute ; enfin toutes leurs souffrances disparurent sous l'action magnétique de mon guide secondé de nos prières ferventes.

Ces malheureux ouvrirent des yeux hagards comme s'ils se réveillaient après avoir combattu un horrible cauchemar. Ils furent conduits ensuite dans un lieu de repos éloigné de tous les tableaux qui auraient pu leur rappeler les souffrances passées; là, ils s'instruisent de toutes les espérances qu'ils peuvent concevoir pour leur avenir spirituel, ils apprennent la grandeur et l'importance d'une existence terrestre dont les liens sont entre les mains du Créateur, et que celui qui les rompt est coupable d'un homicide.

Mais ne crois pas, ô ma mère, que tous ceux qui succombent de cette façon soient coupables; non, car la plupart meurent subjugués par une influence étrangère; ils sont pressés, obsédés intérieurement par une volonté tenace qui ne laisse ni trêve ni repos; ce sont de mauvais esprits qui exercent des vengeances, la plupart suscitées par la jalousie, et ils croient qu'en poussant leurs victimes à se donner la mort, ils pourront les posséder ensuite sans réserve. Mais, si ces malheureuses créatures succombent à leur obsession, Dieu est plein de miséricorde pour les faibles.

Il y a encore d'autres suicidés qui paraissent moins coupables aux yeux des hommes que les premiers, mais qui le sont autant devant la justice divine ; ce sont ceux qui ont usé leur vie par la débauche et qui meurent des suites de leurs excès ; ils souffrent dans le monde des esprits la peine du talion, si terrible pour ceux qui ont dédaigné la tempérance. Malgré cela, il y en a qui cherchent encore à satisfaire leurs désirs coupables sur des êtres portés par goût à la débauche ; et, lorsque ceux-ci sont assez faibles pour ne pas les combattre, s'ils se laissent surtout entraîner à l'ivrognerie, les esprits ont alors toutes les facilités pour s'emparer de leurs corps et ils les font agir à leur gré.

Les paroles insensées et incohérentes de l'ivrogne sont bien en effet un vil dialogue établi entre deux êtres, se disputant une propriété pour y faire assaut de colère et de paroles grossières ; ce corps n'est plus qu'une étroite prison où se heurtent tous les vices, et où débordent en se mélangeant, comme dans un bourbier infect, les fluides qui alimentent la vie et qui doivent régler la santé.

Cette sorte d'obsession est d'autant plus déplorable, qu'elle ne peut être combattue que par celui qui la supporte, et, comme il y trouve des satisfactions passagères, il remet d'un jour à l'autre pour s'en défaire. Pourtant, il devrait lutter pendant qu'il possède encore deux armes qui lui sont si nécessaires : la raison et le libre arbitre ; plus tard, quand l'organisme sera miné par les excès, il n'en sera plus temps.

Si ces mauvais esprits ne sont pas empêchés dans le monde spirituel d'exercer leurs influences, c'est afin que les mortels luttent avec plus d'énergie contre le mal, qui devient plus évident lorsque les excès qu'il occasionne peuvent les porter à avoir honte ; car ils sont jugés par la société qui est forcément témoin de leurs orgies, et qui flétrit toutes les actions volontaires qui rapprochent l'homme de la brute.

De grandes épreuves sont réservées à ceux qui ont étouffé les bienfaits d'une intelligence bien douée ; ils subiront dans des existences futures l'assoupissement des facultés intellectuelles ; ils se débattront avec les besoins les plus essentiels de la vie ; la misère sera leur compagne ; ils serviront de jouets à la populace qui cherchera à exciter en eux de ces colères idiotes qui ont tant de rapport avec le délire de l'ivresse ; ils se donneront comme un hideux spectacle à l'hilarité d'êtres vils et abjects, comme ils l'ont été antérieurement.

Ce genre d'obsession cessera lorsque l'homme occupera ses loisirs par des distractions honnêtes et intelligentes, lorsqu'il comprendra les devoirs qu'il doit à la famille et à la société, lorsqu'il se livrera avec courage au travail qui commande à l'homme de ne pas perdre ses droits en se dégradant jusqu'à ce qu'il se trouve au niveau de la bête ; car jamais les esprits imbus de passions honteuses ne s'approchent des hommes qui ont conscience de leur dignité ; mais lorsque les hommes de bien connaitront les lois qui enchaînent tous les êtres, ils trouveront dans le magnétisme et la prière la force de détourner de leurs victimes les esprits qui exercent leur malice sur des faibles en les écrasant sous leurs fluides impurs lesquels paralysent leur intelligence et troublent leurs pensées, en leur inspirant le désespoir et quelquefois même le suicide.

CHAPITRE XXXV

Mme Marcel dans le monde des esprits

Depuis quelque temps, Mme Marcel éprouvait des émotions plus vives, à mesure qu'elle s'identifiait toujours davantage à cette vie surnaturelle dans laquelle elle mettait tout son bonheur.

Chaque jour, après ses causeries, il lui arrivait de tomber dans une sorte de somnolence étrange, à laquelle elle se laissait aller avec confiance dans les moments où son fils goûtait à son tour tous les bienfaits d'un paisible sommeil. Elle nourrissait le doux espoir d'obtenir ce don précieux dont Ludovic lui parlait si souvent dans ses derniers entretiens.

Après un instant de pieuse concentration, elle voyait disparaître insensiblement tous les objets matériels qui l'entouraient, et qui, pour les personnes douées de la seconde vue deviennent, lorsqu'elles veulent se recueillir, un sujet de pénible distraction et une triste réalité à leur réveil.

Mme Marcel vit d'abord dans ses premières séances une vive clarté sur laquelle se formaient des ombres qui disparaissaient aussitôt et dont elle ne pouvait saisir les formes. Elle comprit que peut-être ses émotions et sa surprise devaient contribuer à déranger la combinaison des fluides si nécessaire aux esprits pour se rendre visibles; elle fit donc le calme en elle en comprimant toutes les agitations de son âme, car elle voulait mettre à profit les précieux moments qui lui étaient encore accordés de posséder son fils, et sur la durée desquels elle n'osait fonder de solides espérances. Elle désirait et demandait avec instance de pouvoir continuer plus tard ces entretiens si chers à son cœur maternel; elle voulait suivre Ludovic dans l'espace, lorsque les liens matériels seraient complètement rompus, et jouir du bonheur qu'il éprouverait en retrouvant Marie; elle voulait aussi s'entretenir avec son époux, le consoler en lui aidant à progresser.

Tous ces désirs formaient corps dans cette âme ardente et si énergique ; elle préparait à l'avance les matériaux nécessaires pour combler le vide qui se creusait chaque jour sous ses pas ; elle cherchait la consolation avant la douleur qu'elle prévoyait.

Mme Marcel put donc ensuite contempler les tableaux qui se formaient toujours plus nettement au milieu de vastes horizons. Un jour, elle faillit jeter un cri de surprise mêlé de douleur, mais elle l'étouffa promptement de crainte de faire dissiper la vision qui se préparait.

Elle voyait l'esprit de son fils, debout contre une énorme pierre qui servait d'angle à deux chemins. Ludovic avait la tête appuyée sur une main, et son regard rempli de tristesse cherchait dans toutes les directions à découvrir quelqu'un qu'il semblait attendre avec une vive impatience ; il parlait et priait par intervalles, mais avec ce langage compris seulement des êtres immatériels, et des mortels pendant les moments de l'émancipation de l'âme.

Mme Marcel par un suprême effort put arriver à un haut degré de dégagement, sans doute provoqué par l'inquiétude que lui inspirait l'état de l'esprit de son fils pendant que son corps reposait paisiblement sur sa couche ; elle put saisir ses paroles qu'elle recueillait avec avidité : ce fut d'abord une plainte qu'il fit entendre.

« Je suis seul !... disait-il ; comme mon guide tarde de venir auprès de moi !... Je redoute la solitude, elle épouvante mon esprit encore si faible, et, cependant, qu'ai-je à craindre ? Je n'ai plus à redouter les vaines frayeurs qui m'agitaient, mon guide a relevé mon courage et ranimé mon espoir. Non, je le sens, je ne dois plus compter bientôt au nombre des mortels, bientôt les liens qui me rapprochent sans cesse de mon corps seront détruits, et je soupire avec une légitime impatience après cette heure de délivrance.

» O liberté ! sainte liberté ! comme ce mot fait vibrer avec délices toutes les fibres de mon âme ! quelle force d'élan elle me donnera pour revoir Marie !... Lorsque je songe que je pourrai encore contempler son beau visage, entendre sa douce voix et habiter avec elle de charmantes retraites, bien éloignées de la terre, et où rien ne pourra troubler notre solitude !... quel immense bonheur !... ne plus me séparer d'elle !... Oh ! alors, je ne chercherai plus d'autres sphères que celle qu'elle habite, et toute l'éternité peut passer sur notre amour sans jamais l'altérer, ni voir naître en nous d'autres désirs ! »

Puis, relevant le front avec une noble énergie, il changea sa plainte en un vif regret.

« O Dieu ! que dis-je ? je me laisse entraîner par l'égoïsme d'un bonheur jaloux, ingrat que je suis ! me réjouir de quitter la terre pour y laisser dans l'isolement une mère et une fille adorées ! Non, Marie a trop de dévouement, trop d'amour pour s'oublier dans un bonheur stérile ! le bonheur demande de l'activité, et s'il se concentre dans son égoïsme, il se corrompt et laisse éteindre toute la vigueur des sens spirituels, sans laquelle l'âme ne peut jouir d'aucune émotion d'amour, ni de nouvelles espérances. »

Et mon père ! pourrais-je l'abandonner lâchement ? lui qui a encore si peu joui du bonheur de retrouver en moi un fils chéri et un guide fidèle ; mon devoir serait-il loyalement accompli si je l'avais seulement sorti de son isolement pour le plonger ensuite dans un autre plus grand encore ? Non, je veux me soumettre, et si de nouvelles épreuves me sont réservées, je les supporterai avec courage, car je les ai méritées ! L'Eternité est riche de ressources, elle s'élève dans l'infini portant dans tous les mondes l'espérance et le bonheur ; tandis que le Temps plane au-dessus de la terre comme un nuage gros de tempêtes, grondant sans cesse, en mesurant les tristes moments qu'il accorde aux mortels, et frappant tout ce qu'il rencontre sur son passage et qui entrave sa marche rapide ; il frappe sans choisir ses victimes, puis s'enfuit en tournant sans cesse autour de ce pauvre globe, et dans le cercle qu'il décrit il frappe de nouveau ses anciennes victimes et les achève avec sa faux sanglante.

Mais dans le monde des esprits, le Temps ne fait plus de victimes, l'Eternité le distribue en silence, elle arrête le marteau qui frappe les heures, elle efface à mesure la trace des jours, des années et des siècles, ce qui fait la terreur des esprits chargés de remords, car elle garde fidèlement le secret de la longueur de leurs épreuves.

L'Eternité dit aux êtres supérieurs : « Vous n'avez plus besoin de mesure pour combiner vos actions, vous avez la sagesse pour guide, et les deux voies que vous devez suivre sont ouvertes devant vous sans encombres, sans détours ; l'une monte, monte sans cesse vers les mondes supérieurs, elle conduit à la découverte de nouvelles merveilles et de nouvelles vérités, et plus vous la parcourez, plus elle laisse à découvert de plus beaux horizons, et elle est éternelle !... L'autre est une pente douce qui descend sur la terre, et dans tous les mondes où les souffrances réclament la charité. »

La promptitude de vos pensées et de vos actions supprime tout calcul de temps ; vous sentez que l'activité est votre vie, que le Temps ne vous frappe pas au milieu de vos occupations, il ne vous marque plus des signes de son passage, il s'écarte au contraire lorsque vous passez, afin de ne pas voiler de son ombre l'astre qui vous éclaire pour réparer le mal qu'il opère dans l'obscurité.

C'est vous, esprits célestes qui venez relever le courage de ceux qui faiblissent sous le poids des années ; c'est vous qui éloignez des mortels les ombres effrayantes qui entourent leur couche mortuaire et qui troublent leurs derniers moments ; c'est vous qui recevez ces âmes lorsqu'elles franchissent le sol du monde spirituel après avoir laissé leur corps glacé par la main du Temps.

Non, je ne veux plus me laisser envahir par ces tristesses passagères ; elles ont pour cause l'action des faibles liens qui m'unissent à mon corps ; mais je suis déjà un habitant du monde des esprits ! le Temps ne me doit plus qu'un coup d'aile qui tranchera le fil léger qui me retient encore sur la terre ; je ne veux plus gémir sur ma solitude, elle m'est sans doute nécessaire; là, j'attendrai pendant des siècles, s'il le faut, la liberté !... Mes regards resteront fixés sur ces deux routes ; c'est peut-être par là que doit me venir la délivrance ; je reconnaîtrai Marie, et je m'élancerai à sa rencontre !...

Mais, que doit penser ma mère ? L'heure du rendez-vous est passé, et cependant il m'est impossible de m'éloigner de ces lieux ; j'y suis retenu par des liens sympathiques, tous mes sens sont émus, mon Dieu ! que va-t-il donc se passer !....

Et palpitant d'émotion, il s'appuya sur la pierre; ses yeux cherchaient de tous côtés l'être qu'il pressentait ; et, après un moment d'anxieuse attente, il vit s'approcher de lui un esprit.

Ma mère ! ma mère, enfin, s'écria-t-il; toi, ici !.. et ma fille !... et mon père !... ah ! je comprends !... Dans un élan d'amour, tu es venue près de moi, tu as ressenti la tristesse de mon âme !... oh ! ma mère, mère héroïque, toi aussi, tu as assoupli les liens charnels afin d'avoir un peu de liberté !

Mais, tu restes muette d'admiration et d'amour ! Ah ! plût à Dieu que tu vinsses chaque jour auprès de moi ! Combien le langage m'est plus facile lorsque je ne suis pas obligé de transmettre aux organes de mon corps les pensées qui débordent de mon âme ; l'esprit éprouve une surabondance de vie lorsqu'il est libre. Oh ! ma mère, viens chaque jour, s'il t'est permis, viens te retremper de tes fatigues, de tes souffrances et de tes angoisses ; réponds-moi, ô ma mère, ne te laisse pas dominer par l'excès de tant de joie !

O mon Dieu ! s'écria cette heureuse mère, mon Dieu ! laisse-moi le souvenir de mon bonheur !... et un long gémissement sortit de sa poitrine ; ses yeux venaient de s'ouvrir, et son regard errait dans sa misérable chaumière, puis, se levant avec précipitation, elle courut près du corps de son fils qui sommeillait toujours avec le même calme ; elle le combla de baisers en l'inondant de douces larmes.

CHAPITRE XXXVI

Mme Marcel dans le monde des esprits

(Suite)

Mme Marcel éprouva pendant quelques heures une grande fatigue; ses membres étaient brisés, des frissons parcouraient son corps, et lui causaient la sensation que produisent des douches d'eau glacée. Elle prit un peu de repos, afin de donner à ses idées le temps de se classer.

Avec le calme, les souvenirs revinrent à sa mémoire ; son esprit venait de reprendre sa place dans les organes, la fatigue du corps disparut aussitôt. Un bien-être indéfinissable la pénétrait, et elle appréciait à sa juste valeur le don qui venait de lui être accordé.

« Mon Dieu, disait-elle dans l'élan de sa reconnaissance, tu as enfin déchiré le voile qui me cachait les trésors de l'immortalité, mes vœux sont exaucés ! tu as écouté ma prière, car tu as vu les angoisses de mon cœur !

» Les richesses du monde entier ne peuvent acquérir une telle faveur ; la foi et l'amour seuls l'attirent et la conservent. Merci, ô mon Dieu ! on ne peut sur la terre désirer davantage !

» La vie m'apparaît maintenant comme une chimère, comme un songe trompeur au milieu duquel les hommes s'agitent, jusqu'au moment où ils viennent se heurter contre la pierre du tombeau, et tous marchent dans un chemin bordé de précipices où ils viennent se jeter, sans que la chute des premiers arrête la course effrénée de ceux qui les suivent !

» Les épreuves que j'ai endurées m'ont arrachée forcément de ce monde tumultueux, j'ai gémi sous mon infortune, j'ai versé des larmes sur le pain de ma misère, et je bénis maintenant cette tempête affreuse qui m'a jetée sur cette île fortunée où je découvre tant de trésors.

» Mais, soutiens-moi, ô mon Dieu ! soutiens-moi toujours, surtout lorsque la mort donnera le coup que je prévois ! sa main levée et menaçante s'abaisse insensiblement sur le corps de mon fils ; elle l'effleure déjà de son souffle destructeur, elle a touché ses yeux qui s'enfoncent dans leur orbite, elle a écarté de son visage la teinte rose qui lui donnait l'apparence de la plus riche santé, elle a effilé sa main et ralenti les battements de son cœur. Jour et nuit, je le couve de mon regard maternel afin de recueillir son dernier soupir, et si ses yeux s'ouvrent de nouveau, je veux conserver l'expression de son dernier regard ! je tremble de faiblesse, malgré la joie ineffable dont mon âme déborde, car je sens qu'il souffre ; j'ai entendu sa plainte, il demande avec instance ce que je redoute, mais je l'aime trop pour répandre des larmes lorsqu'il sera dans la joie !... Mon Dieu ! que ta volonté se fasse !... »

Après cette prière, Mme Marcel se releva plus forte et plus résignée ; il lui tardait de s'entretenir avec son fils ; elle désirait savoir par sa bouche s'il avait conservé aussi le souvenir de ce qui s'était passé.

Après lui avoir donné la dose habituelle de son breuvage fortifiant, elle l'appela de sa douce voix, mais elle n'obtint aucune réponse ; elle renouvela cet appel avec plus d'énergie, sans obtenir un meilleur résultat ; elle ne persista pas, de crainte d'occasionner quelque désordre dans cette nature si délicate et résolut d'attendre.

Le lendemain, comme la veille, elle ne put obtenir la moindre réponse, mais elle éprouva de nouveau les langueurs de la somnolence ; elle observa alors le travail que l'esprit opère lorsqu'il se dégage de son corps ; ce sont de petites secousses auxquelles succède le frisson ; puis, enfin le trouble le gagne, et les sensations que le corps éprouvent se perdent insensiblement, puis l'esprit se trouve en liberté.

L'esprit de Mme Marcel fut attiré auprès de son fils qui se trouvait à la même place et dans la même position où elle l'avait vu pour la première fois ; il était seul encore et semblait l'attendre.

— Oh ! ma mère, s'écria-t-il en la voyant ; puis il confondit avec son amour filial tout l'amour maternel qui lui était prodigué ; tu m'as attendu vainement sur la terre, j'ai vu tes efforts inutiles pour obliger mon esprit de se rapprocher de mon corps, je n'ai pu accourir comme par le passé ; ce corps ne peut plus me servir d'interprète, il devient trop faible, le moindre effort pourrait interrompre le léger souffle qui l'anime encore, et il en serait de même si je m'éloignais de ces lieux.

Tu observes, ô ma mère, l'altération que mon corps subit tous les jours ; la vie s'en échappe doucement, et bientôt il ne sera qu'un cadavre ! mais ne te laisse pas abattre par la douleur, vois combien est doux le baume qui doit la calmer ; laisse partir sans regrets cette dépouille mortelle, triste souvenir de mes faiblesses ! Réjouis-toi plutôt maintenant que tu as obtenu le droit d'entrée dans la céleste patrie ; tu y viendras chaque jour goûter le repos et réparer tes forces affaiblies par les souffrances et les soucis de la vie ; tu participeras à notre bonheur et il sera augmenté par ta présence ; nous irons ensemble porter l'espoir dans ces mondes désolés que je t'ai dépeints souvent ; mon père trouvera en nous une force puissante pour accomplir sa régénération ; mais nous serons toujours attirés sur la terre par la présence de ma fille ; nous pourrons lire dans sa pensée si des passions l'agitent, et de ta main maternelle tu détourneras les danger qui pourraient la menacer.

O ma mère ! ta tâche n'est pas encore achevée ! lorsque tu n'auras plus devant les yeux le triste spectacle de mon corps entouré par toi d'une sorte de vénération, tu reprendras alors avec courage ta mission interrompue.

La confiance bien méritée que t'accorde ton entourage te permettra de l'instruire de toutes les vérités qui te sont révélées ; tu établiras dans cette pauvre contrée un petit monde séparé des influences malsaines et passionnées. Le terrain est déjà préparé ; tu as détruit par la droiture de tes enseignements le germe du fanatisme ; tu as éloigné l'ignorance en déposant dans des âmes sincères une semence de vérité ; ce sera pour toi une nouvelle famille au milieu de laquelle tu seras aimée et respectée, et, chaque soir, ces honnêtes travailleurs viendront s'asseoir à ton foyer ; ils écouteront avec recueillement le récit de nos excursions dans l'erraticité, et, plus tard, tu trouveras aussi parmi eux des interprètes fidèles choisis par les esprits ; ils recevront les conseils de ceux qu'ils pleurent, et leur souvenir ne leur sera plus un sujet de tristesse ; ils surveilleront leur conduite afin de ne pas affliger ceux qu'ils ont aimés et dont la présence exerce toujours sur les âmes croyantes des effets salutaires. Alors tu aimeras encore la vie en voyant le fruit de tes travaux, car il n'y a qu'un cœur insensible ou découragé qui puisse s'abandonner, se complaire dans la douleur et prendre la vie en dégoût.

O mortels, qui languissez sur la terre, accomplissez des œuvres utiles à la postérité si vous voulez éprouver quelques instants de bonheur ! Le temps alors s'appesantira moins sur vos années, tous vos instants deviendront précieux. L'activité pour le bien couvre de fleurs la route rocailleuse de la vie, et leur parfum chassera loin de vous les émanations qui s'exhalent des plaies de la société. Et surtout, souvenez-vous que vos œuvres vous suivent ; elles sont formées de vos pensées ; le souvenir de votre conduite influence toujours ceux qui vous ont connus, et forme en même temps le plan de votre vie à l'état d'esprit.

O mon fils ! quand donc pourrai-je des hauteurs de l'infini contempler cette terre où je gémis encore? Quand pourrai-je voir les mortels prêter une oreille attentive aux voix célestes ? quand donc leurs yeux s'ouvriront-ils à cette douce lumière ? Oh ! combien les moments que je passe ici sont précieux ! Non, je sens que je ne dois pas garder pour moi seule les bienfaits qui me sont accordés ! ce serait craindre de montrer la vérité dans tout son triomphe ! Oui, je raffermirai ces âmes timides ! et plût à Dieu que je puisse implanter parmi elles les principes de cette doctrine ancienne comme le monde, et qui est restée ensevelie sous les débris de plusieurs siècles de despotisme et d'erreurs.

Oh ! comme il s'élèverait promptement ce petit globe si ses habitants le soulevaient avec une foi sincère ! ils lui assigneraient alors une place de laquelle il pourrait éprouver le contact de l'atmosphère des mondes purifiés ; mais il faut, pour donner la première secousse de son ascension, des âmes fortes, des cœurs sincères qui tranchent d'une main ferme et sûre les câbles qui le fixent si solidement au fond de l'abîme de l'iniquité et du mensonge. Il n'y a point de petites tâches dans cette grande œuvre ; il ne faut pas craindre d'y travailler seuls d'abord, et dans la foule qui vous regardera il se trouvera des hommes qui viendront vous seconder, et d'autres les suivront jusqu'au jour où l'ouvrage sera assez avancé pour montrer aux timides et aux indifférents que tout est possible lorsqu'on travaille avec ensemble et pour une œuvre profitable à toute l'humanité.

O ma mère ! l'homme est tout à la fois si craintif et si orgueilleux, qu'il n'ose pas avancer dans les grandes voies de l'inconnu ; il craint le ridicule des sots, et l'incertitude de réussir dans ses premières démarches le paralyse totalement. Cependant il est impatient ; il veut toujours devancer l'avenir et dépasser la vitesse du Temps ; il anticipe même par les projets qu'il forme sur les limites qui lui sont assignées par la mort ; il ne la prévoit pas, et pourtant, il la redoute ! aussi il ne jouit de rien, parce qu'il désire toujours !

Le jeune enfant, dans ses jeux, empiète déjà sur l'avenir : il veut toujours remplir le rôle d'un homme raisonnable ; plus tard, sa jeunesse ne s'arrête pas aux charmes de son âge ; elle voit d'un œil indifférent cette fleur passagère conçue par le Temps, la seule qu'il produise sur cette terre ; hélas ! elle n'est pas plutôt éclose qu'elle désire devenir un fruit ; puis, lorsqu'il est formé, il se penche tristement vers la terre sur laquelle il tombe !...

Rien n'échappe à la mort ; elle frappe plus souvent l'enfant blanc et rose, souriant au sein de sa mère, que le vieillard courbé sous le poids des années, et la fleur des champs reploie ses feuilles et ferme son calice lorsque la faux la touche !...

L'enfant ni la fleur ne prévoient leur fin !...

Mais pourquoi l'homme veut-il retenir le Temps lorsqu'il a devant les yeux sa tombe entr'ouverte ? Ah ! c'est qu'il a en lui deux éléments qui se combattent sans cesse ; d'abord, celui qui alimente la vie animale. Les droits qu'il réclame sont impérieux et pressants, et souvent il entraîne sous sa domination le second élément : celui qui devance la marche du Temps en renversant tous les obstacles qui s'opposent à son vol ; c'est l'essence divine de l'immortalité !... Elle s'agite dans son étroite prison, elle voudrait déchirer avec ses ailes le tissu épais qui l'enferme, elle voudrait planer dans l'infini et pouvoir lire dans les pages du passé comme dans celles de l'avenir.

Tandis que son compagnon d'esclavage se cramponne à la vie, l'âme prisonnière compte avec impatience les jours et les nuits qui la séparent de la liberté ; elle s'inquiète peu des plaisirs passagers de la jeunesse et des séductions de la beauté ; elle aime au contraire à voir blanchir le toit de sa prison ; elle compte avec un sourire de satisfaction les rides profondes dont se sillonne son édifice ; elle aime à fermer une à une ses facultés intellectuelles, et pendant que ce corps gémit de ses infirmités elle sent ses ailes se déployer sous l'air pur de l'espérance.

O ma mère ! tu comprends maintenant toutes les grandeurs des destinées de l'homme ! car tu es dans ce moment à l'état immortel, mais aussi combien on voit mieux ses bassesses !

L'homme est un être incompréhensible ; on dirait que Dieu l'a formé de toutes les substances que sa main créatrice a répandues dans la création ; il a, en effet, les aspirations de l'ange et les instincts du plus abject des animaux ; son corps contient un mélange de poisons où il peut trouver la mort, et il peut aussi distribuer en abondance la santé et la vie.

Dieu semble avoir dit à l'homme : « Tu possèdes tout ce que ma puissance a animé ; choisis en toi ce qui est bon et mauvais afin de te perfectionner par tes propres efforts ; cherche dans le mal qui est en toi le bien qui peut en ressortir en analysant sa substance. »

En effet, Dieu n'a pas créé le mal ; c'est l'ignorance qui en est la mère ! Lorsque l'homme étudiera la nature avec la science, cette discrète alliée de la création, le mal n'existera plus ; il subit chaque jour la maladie ou les désastres d'un fléau, et pourtant il a à sa portée les moyens de les éviter ; mais pour les connaître, il faut du temps et du travail ; la nature révèle ses secrets seulement à ceux qui les cherchent.

Les souffrances des mortels lui inspirent la pitié, tandis que son sein renferme tous les remèdes pour les guérir ; elle a déjà mis à découvert bien de ses trésors qu'ils ne savaient pas utiliser. Ainsi, ils ont déploré longtemps les désastres de l'électricité avant de trouver le moyen de l'employer comme un puissant messager qui transporte les pensées d'un bout du monde à l'autre, en attendant qu'elle les promène avec la même vitesse dans le domaine qu'ils habitent.

Depuis longtemps la vapeur se perdait avant qu'ils ne se doutassent des services qu'elle pouvait leur rendre ; ils ont cru aussi que le soleil se contentait de les éclairer et d'échauffer les produits de la terre, sans savoir qu'il renfermait dans son foyer l'image de tout ce qui existe ; il garde encore bien d'autres surprises qu'il accordera à l'homme studieux qui cherchera dans sa lumière toutes les merveilles qu'elle contient.

La science doit régénérer le monde ; elle possède toutes les clefs des trésors de la nature ; cette déesse au corps souple se courbe sans fatigue sur la terre, et prête une oreille attentive à toutes ses harmonies, puis elle se relève grande et majestueuse; son front dépasse les nues au-dessus desquelles elle plane pour arriver dans le champ des étoiles. Là, elle calcule leur distance et pénètre leur atmosphère ; bientôt elle décrira la nature de leurs habitants.

Puis elle descend de ces hauteurs, et plonge au sein de l'onde où elle nage gracieusement, affrontant les tempêtes. Elle vient préparer aux voyageurs un heureux avenir en leur construisant des vaisseaux qui glisseront sous les vagues.

La science enchaînera les éléments ; elle consignera la crainte et le danger au fond des antres où elle relègue tout ce qu'elle a vaincu. Puis sur une couche souple et molle, elle reposera l'humanité haletante, elle la baignera dans des nuages de fluides fortifiants et embaumés. Elle repoussera avec dédain le scalpel et la scie, et montrera à ses disciples le mécanisme du corps humain, non pas sur un cadavre d'où la vie a déserté, mais elle trouvera le moyen de faire étudier la vie active en surprenant tous ses secrets.

Bientôt aussi on ne verra plus ces champs désolés, couverts de tristes monuments ombragés de cyprès ; les corps humains ne seront plus réduits en pourriture, ils ne serviront plus de pâture aux vers rongeurs ; leurs cendres seront saintement recueillies dans des urnes, et conservées précieusement dans le sanctuaire de la famille où elles parleront plus éloquemment à ceux qui voudraient les profaner.

La science lutte d'agilité avec le Temps, elle veut en faire son esclave. En le poursuivant dans sa course rapide, elle lui arrache les fléaux qu'il sème sur son passage. Elle le défie avec ses ingénieuses découvertes, et le Temps, se voyant atteint, se décharge, pour rendre son vol plus léger, des fardeaux qu'il colporte ; c'est pour cette raison qu'il accable coup sur coup ses victimes et les fait chanceler de faiblesse.

Mais la science les frappe de verges afin qu'elles se relèvent promptement. « Hâtez-vous, leur dit-elle, de reprendre votre travail à la découverte du bonheur, si vous ne voulez pas que le Temps vous transperce de ses flèches empoisonnées. »

Oui, ma mère ! la science soulève le globe terrestre vers l'immortalité, il dépassera le domaine du Temps !..... et, celui-ci tristement appuyé sur sa faux, reploiera silencieusement ses ailes, en attendant un autre globe qui s'élèvera à son tour pour venir s'appuyer sur l'ancien pivot de la terre, et tourner comme elle pendant des siècles.

Alors le Temps reprendra son vol autour de son axe, et distribuera lentement à ses habitants la part de jours et d'années qui leur sera accordée, en attendant que la science vienne de nouveau activer sa course et dévoiler à ces autres mortels les trésors que renferme leur planète.

CHAPITRE XXXVII

Esprit et matière

— Pauvre dépouille d'une âme pure ! dit Mme Marcel en embrassant le corps de son fils endormi, combien il m'est facile de juger de cette double nature, maintenant qu'il m'est donné de voir au-delà de la terre l'être intelligent qui t'a animé ! C'est toi que j'ai porté dans mon sein ; tu es la chair de ma chair ; j'ai veillé avec sollicitude sur tes jeunes années, j'ai essuyé tes pleurs lorsque tu étais enfant, et ta bouche chérie me couvrait de baisers ! heureuse mère ! Je fondais sur toi les plus belles espérances ; mais plus tard, après que ton cœur eut battu d'un légitime amour, j'ai vu de nouveau des larmes creuser tes pâles joues, je devinais toutes les émotions qui agitaient ton cœur, elles se reflétaient sur ton visage, parfait miroir de tes pensées !...

Il y a peu de jours, hélas ! que j'entendais ta voix, ta main pressait encore la mienne ! et maintenant, tu restes insensible à mon amour, ton cœur bat toujours, mais le sentiment y est étranger ; seul, le sang dans son mouvement naturel le soulève régulièrement, comme le cours d'une rivière continue à faire tourner la roue du moulin en ruines ; aucune émotion n'est capable de précipiter ses pulsations ; lors même que tu possèdes encore la vie, tu es insensible à la douleur ; ni le danger, ni les cris d'alarme ne parviendraient à t'arracher de ta couche ; je mourrais à tes côtés, ta fille serait environnée de flammes, rien ne saurait émouvoir tes sens.

A cette vue, qui pourrait douter un seul instant de l'immortalité ? Qui donc oserait encore prononcer le mot *néant ?* Que l'on vienne alors me dire et me prouver quel est celui qui reste mon fils, de ce corps vivant mais privé de l'esprit, ou de cet être intelligent qui a animé cette enveloppe que je puis voir chaque jour ! Matérialistes, approchez ! et dites-moi où sont les pensées et les aspirations qui sont sorties de ce corps ? Sont-elles anéanties avec l'action du sang ? Mais il circule toujours, il continue de donner sa douce chaleur au corps, ses membres conservent la même souplesse, et sa respiration échange comme autrefois les fluides qui alimentent la vie, le mécanisme fonctionne comme par le passé !

Si la fleur renaît de la graine que renferme son ovaire, pourquoi l'homme serait-il moins favorisé que cette semence qui cache sous sa légère enveloppe un germe sans cesse renaissant ? Pourquoi cette mort apparente de l'insecte au sein de la terre où il attend ce rayon de soleil qui réchauffe sa sépulture et lui donne la force de percer le sol, et de s'élever radieux et transparent aux feux de ce rayon qui lui a rendu la vie ?

Tout ne nous prouve-t-il pas l'immortalité ? Si l'insecte la pressent par son instinct de prévoyance, l'homme serait-il le seul à en douter ? Il n'ajouterait donc aucune importance aux qualités dont son âme est douée ? Tous les talents qu'elle a acquis au prix de tant de labeurs devraient-ils donc s'éteindre avec son corps ? et l'amour doit-il donc s'anéantir aussi ? Ah ! si je ne croyais pas à la survivance de l'âme, je mourrais de douleur lorsque le dernier soupir s'échapperait de cette poitrine ! Mais, non ! je serai courageuse à cette heure suprême, je sais où retrouver toute cette intelligence et ces vertus qui me rendent ce fils si cher ; son amour filial grandit avec sa liberté !...

Pauvre corps ! c'est sur toi que j'ai déversé toutes mes caresses !... et maintenant, tu restes insensible à ma douleur ! Cependant, tu vis encore de mon amour, mais bientôt il sera impuissant pour te retenir près de moi. Oh ! je t'aime toujours, cher moule d'argile, chef-d'œuvre du Créateur, mécanisme parfait qui transmet fidèlement les sensations de l'âme, les pensées de l'intelligence et les sentiments du cœur ; tu es l'esclave qui obéit sans murmure à toutes les volontés de l'esprit ; tu souffres avec patience ses exigences, tu reçois le contre-coup de ses chagrins, tu es l'interprète qui exprime ses pensées et qui les exécute, tu tends une main charitable au pauvre qui t'implore, de ta bouche sortent des paroles de paix et de consolation. C'est par toi que l'esprit s'affranchit de ses épreuves, et tu lui sers de piédestal pour s'élever dans un monde meilleur.

En le privant du bonheur de la liberté, tu excites en lui ses désirs afin de l'obtenir pleine et entière ; c'est par toi qu'il acquiert l'espérance d'atteindre ses hautes destinées.

Enveloppe sacrée qui abrite les liens de la famille et qui en forme toujours de nouveaux !

Oh ! que Dieu est prodigue de ses merveilles lorsqu'il laisse se détruire sans regrets cette œuvre parfaite sortie de sa main puissante.

CHAPITRE XXXVIII

La mission de la religion

— O ma mère ! avec quelle impatience je t'attends ici chaque jour ! Mes regards s'attachent constamment sur deux routes : celle où je te vois venir à moi, et celle encore déserte d'où j'attends la liberté ; une qui vient de la terre, et l'autre qui monte dans les sphères supérieures.

Oh ! combien cette solitude est solennelle, et comme elle me prépare favorablement à mon bonheur futur ! Dieu a permis que tu t'approchasses de moi, et le calme de nos cœurs a comblé le vide de l'isolement. L'âme en paix est tellement vaste qu'elle peut contenir en pensées plus que l'univers ne peut contenir de créations matérielles ; elle renferme tout à la fois et les cieux et la terre ; et plus elle pense, plus elle s'instruit, et plus aussi elle s'élève et s'étend dans l'infini. L'âme semble n'avoir aucune limite, mais l'esprit qui se meut au milieu du vice se rétrécit et se renferme dans un cercle mesquin, et il arrive au point de ne plus pouvoir sortir des limites de la chair, triste prison qui a pour geôliers l'égoïsme et l'ennui.

Oh ! souviens-toi, ma mère, de ce que tu vois ici, surtout lorsque tu retourneras dans le séjour de la nuit ; la vérité t'y soutiendra !

— Pourquoi, ô mon fils ! le mensonge règne-t-il sur la terre ? Pourquoi faut-il cacher au milieu de ce monde corrompu toutes les sensations pures qui ravissent l'âme ? et cependant la vérité contient en elle tant de consolations et d'amour !

— O ma mère ! c'est que le cœur humain n'est pas encore assez purifié pour la comprendre ; il se plaît à être trompé et à se tromper lui-même ; il sent qu'il n'est pas encore capable de la supporter ; son flambeau est trop éblouissant pour sa faible vue, il veut être trompé afin de s'éviter la peine de réfléchir et de discerner.

Que l'esprit est paresseux lorsqu'il ne trouve

pas dans ses études une solution prompte et palpable ! et cependant, les vérités spirituelles, celles qui intéressent la conscience et l'avenir de l'âme, ces vérités, on les sent mais on ne les touche pas.

Si Dieu n'a pas révélé autre chose dans le code de l'humanité qu'amour et charité, c'est qu'il a voulu laisser l'homme libre d'entourer ces deux mots de toutes les vertus qui en dépendent et qui doivent leur servir d'escorte ; il lui a laisssé le soin de compléter le cadre qui doit régler sa vie, suivant les aspirations de son cœur ; mais il ne faut pas qu'il s'écarte de ces deux lignes, ou le fil serait rompu, et Dieu ne serait plus avec lui. Ce sont les faux principes que l'on a imposés aux consciences qui ont précisément rompu les liens de foi et de charité ; c'est pour cela que la Religion a perdu ses relations avec le ciel, et qu'elle n'est plus maintenant qu'un foyer de divisions et de haines sanglantes ; elle n'est plus en rapport avec Dieu depuis qu'elle est soumise aux caprices des hommes qui ont tranformé à leur gré les pensées les plus pures et les plus saintes au contact du tumulte des passions qui les agitent.

La Religion, je la vois comme un ange venu sur la terre pour la mettre en communication avec les cieux, pour consoler les mortels et développer leurs aspirations au bonheur immortel, et cet ange demandait pour abri des cœurs où il pût répandre les consolations et les espérances dont il était si richement pourvu ; il demandait à être l'appui des faibles et la providence des pauvres déshérités de la vie ; il voulait marcher devant cette foule égarée qui se pousse et se heurte pour arriver plus tôt au bord de l'abîme du déshonneur ; il voulait enfin dire aux heureux de la terre : « Secondez-moi avec le superflu des richesses que vous possédez pour adoucir les souffrances de vos malheureux frères. »

Mais, non ; cette fille du ciel n'a rencontré sur la terre que de coupables ambitieux qui ont arraché une à une les belles plumes de ses ailes afin qu'elle ne pût plus s'élever vers Dieu ; ils lui ont mis des liens de toutes parts pour la priver entièrement de sa liberté. « Tu es riche et belle ! lui ont crié mille voix menaçantes, nous voulons tes trésors, nous te gardons en ôtage, et ceux qui te réclameront paieront une forte rançon ; tu es à nous et nous étoufferons tes plaintes et tes cris afin qu'ils ne soient pas entendus du dehors. Pour cacher les blessures de tes ailes, nous te couvrirons de riches parures, nous te montrerons environnée de nuages d'encens, et, sur un char de triomphe, nous te promènerons au milieu d'une foule éblouie. Nous parlerons en ton nom, et nous te ferons dire par des bouches séditieuses et hypocrites ce que tu repousses avec tant d'horreur : le mensonge ! Nous dirons aux ignorants que tu forges des armes, que tu as soif de carnage et de sang ; nous leur dirons que tu veux des trésors pour combattre ceux qui sont contre nous. »

O ma mère ! si la Religion est captive, si malgré son indignation elle ne peut crier : « A l'imposture, à la profanation ! » Dieu a vu son triste destin, et il a envoyé pour la secourir des légions d'esprits qui peuplent l'espace, et qui ont pour mission de délivrer celle qui s'était vouée au bonheur de l'humanité ; mais avant de briser les barreaux de sa prison, ils s'empressent de se faire connaître aux hommes de bonne volonté ; ils les inspirent et leur montrent que la religion vraie consiste à pardonner sans cesse et à faire le bien sans intérêt ; ils disent à tous : « Cherchez dans vos cœurs, et vous y découvrirez des trésors immenses qui sont restés enfouis au fond des ténèbres de votre ignorance. »

Et ces esprits pénètrent dans les âmes, armés du flambeau de la foi et de la vérité, et sa lumière céleste a mis à découvert à leurs yeux étonnés toutes les trames que le mensonge a ourdies ; elle leur montre le chemin où la Religion est retenue prisonnière, et ces anges, de concert avec ces hommes dévoués, marchent à sa délivrance.

Déjà ils l'ont vue, chétive et faible, s'appuyant sur un trône vermoulu, les pieds et les mains liés, la bouche bâillonnée, et ces vêtements mis en lambeaux par ceux mêmes qui l'avaient vêtue. Mais elle ne mourra point entre les mains de ses bourreaux ; les anges, ses frères, vont lui panser ses plaies que les liens ont creusés ; ils vont la prendre sur leurs ailes, et l'élever aux cieux où elle sera déposée aux pieds de l'Eternel.

Et les anges lui diront :

O Dieu, si bon, si miséricordieux, voilà ta fille, voilà notre sœur ! nous l'avons trouvée mourante sur la terre où tu l'avais envoyée, afin d'y porter la vie et l'espérance ; ranime-la de ton amour ; nous allons accomplir sa mission, et relier au ciel ce qui s'en était détaché.

CHAPITRE XXXIX

Une douce espérance

— O mon fils, je viens avant l'heure à notre rendez-vous ; la tristesse attachée à mon existence est venue m'accabler de nouveau. Oh ! que la foi est chancelante lorsque les regards se fixent sur les derniers moments d'un être aimé !

J'avais besoin de te voir avant que la vie s'éteignît complètement en toi ; il me semblait que ton esprit devait éprouver le contre-coup de cette secousse.

Sais-tu, ô mon bien-aimé, que ton corps subit depuis quelques heures une grande altération ? La vie s'en retire graduellement, et ce n'est qu'après un moment d'angoisses inexprimables que j'ai senti enfin les faibles pulsations de ton cœur. Ton visage prend l'expression froide et insensible que la mort répand sur les traits qu'elle frappe. Ah ! je crains que l'aurore qui va naître n'éclaire plus dans ma triste demeure que le cadavre d'un fils chéri !

Mais ici, ma tristesse se transforme en une vive joie ; mes pleurs se tarissent, car je te retrouve heureux et plein d'espoir ; je te vois plus souriant que par le passé, et tes regards ne quittent plus les cieux ! Te voir libre bientôt !... Oh ! qu'il me sera doux alors de songer à ton bonheur pendant les pénibles moments consacrés à la sépulture de ton enveloppe charnelle.

Mais, vois donc, ô mon fils, ce nuage vaporeux dont la blancheur éblouissante semble refléter l'astre des nuits ! et sur sa cime lumineuse, vois-tu se dessiner la forme gracieuse d'un ange ? Oh !... mais suis-je bien sûre de ma vue spirituelle ? Est-ce une illusion, un songe ?... Il me semble reconnaître Marie !... Ah ! si c'est toi, ma fille bien-aimée, je t'attends ici, je veux voir ton bonheur et assister à votre ascension à tous deux !... Et cependant, dans un instant, lorsque je serai sur la terre, je te dirai : « O ange du trépas ! ralentis ta marche, retiens les rênes qui dirigent ton char funèbre ! attends, attends encore quelques jours, quelques heures, quelques minutes ! O influence terrestre, que tu es pénétrante !...

— A t'entendre, ô ma mère, ce que j'admire depuis quelques instants n'est donc pas un reflet de mes pensées, animé par mon désir ardent de recevoir la liberté ! c'est donc vrai qu'il y a un ange sur ce nuage qui s'avance lentement ! O ma mère ! reste avec moi pour contenir mon impatience, je ne puis calmer mes transports. Oh ! mon Dieu ! je te remercie ! mon âme voudrait voler à ta rencontre ! Mourir !... mourir.....

Que les échos des cieux répètent aux mortels la joie que la mort procure ; qu'elle ne soit plus pour eux un sujet d'épouvante, la mort est l'ange béni qui apporte la vie et la liberté ! ah ! je sens qu'elles me pénètrent et m'enflamment !

O ma mère ! chante un cantique d'actions de grâces, ne mets pas sur mon cercueil le drap funéraire symbole de la tristesse, mais bien de cette verdure qui couvre maintenant la terre dans ces beaux jours de printemps ; que tes vêtements ni ceux de mon enfant chérie ne soient pas sombres comme le deuil des mortels ; que ma tombe ne soit jamais arrosée de vos larmes, elles attristeraient mon âme et sembleraient forcer la terre de se soulever pour mettre à découvert un corps décomposé qui ferait reculer d'effroi ceux qui concentrent tout leur amour sur cet être périssable.

Combien de mortels troublent ainsi le bonheur de ceux qu'ils ont aimés, lorsqu'ils vont se jeter tout en pleurs sur la pierre glacée de leurs tombeaux. L'amour, par son attraction irrésistible, les distrait de leur séjour d'activité pour venir assister au triste spectacle de ceux qu'ils chérissent abîmés de douleur à l'endroit où repose leur enveloppe matérielle.

O mortels, ne cherchez plus vos amis dans un cimetière, mais dans un monde meilleur ; ne les attirez pas par votre douleur, elle protesterait contre l'immortalité ; allez plutôt à eux par un élan de votre cœur ; vos tristesses, vos larmes les empêchent de se communiquer à vous et de vous donner les consolations dont vous avez besoin ; préparez-vous à la mort comme à un grand jour de fête, parez-vous pour l'attendre de vos plus belles vertus.

Hommes de bien, pourquoi trembler lorsque la mort touche vos nobles fronts ? elle vient les couronner de lauriers immortels !

La mort ne doit causer de l'effroi qu'aux méchants dont la conscience troublée évoque sans cesse le néant ; l'immortalité les effraie.

Il s'opère dans l'âme vile et coupable une répulsion pour tout ce qui touche à l'ordre spirituel comme à l'ordre moral ; les séductions et les plaisirs matériels seuls lui semblent appartenir au domaine de la vérité et de la raison.

Ame endurcie ! la mort t'appelle tous les jours, elle te prévient de son arrivée par la maladie, elle frappe à tes côtés des amis et des proches, et, malgré ses avertissements, ton cœur reste fermé, quand pourtant, il ne dépend que de ta volonté de te la rendre douce ; il suffit pour cela de méditer avec elle sur les mondes dont elle ouvre l'entrée ; sa voix alors ne t'effrayera plus et sa main te paraîtra moins froide lorsqu'elle te frappera, car ce sera la main d'une amie.

— O mon fils ! vois donc comme le nuage grandit ! et comme il se dore sous les reflets de la lumière des astres qui éclairent cette contrée céleste.

— O ma mère ! je distingue Marie, mon père et mon guide !..... ah ! si l'âme pouvait défaillir de joie, je tomberais anéanti ! combien ils sont encore éloignés !....

— O mon fils ! et ton corps !... je m'oublie !

L'émotion me gagne, je me sens entraînée par le devoir, et le bonheur me retient ici. Oh ! mon Dieu ! je vais quitter ces lieux pour voir expirer Ludovic ! donne-moi la force, donne-moi la résignation, et surtout laisse-moi le souvenir ! Adieu !....

CHAPITRE XL

Mort de Ludovic

Mme Marcel reprit peu à peu ses sens, mais, en ouvrant les yeux, elle s'aperçut qu'elle n'était pas seule. Léonie était auprès d'elle, tout effrayée d'avoir vu sa bonne mère répandre d'abondantes larmes pendant qu'elle sommeillait ; elle avait aussi entendu les dernières paroles d'adieu qu'elle avait prononcées à haute voix en quittant Ludovic. La pauvre enfant s'était empressée d'avertir quelques personnes du voisinage, et toutes supposaient que Mme Marcel était sous l'impression d'un songe pénible qui l'avertissait de la fin prochaine de son fils.

Mme Marcel ne fut pas longtemps à se remettre de son abattement ; elle se dirigea pleine d'énergie et de résignation vers la couche sur laquelle Ludovic était étendu ; Léonie la suivit ; elle était encore tout émue de la scène qui venait de se passer sous ses yeux. Mme Marcel la prit dans ses bras et la couvrant de baisers :

— Ne t'effraie pas, lui dit-elle, tu vas être témoin d'un spectacle bien pénible ; ton père va aller au ciel y rejoindre ta bonne mère, et nous allons rester seules ici !...

Et l'enfant se prit à pleurer en disant :

— Mon père va aussi nous quitter, et, comme maman, il ne reviendra pas ; je ne pourrai plus jamais les voir, moi leur petite Léonie qu'ils aimaient tant !

— Plus tard ! mon enfant, lui répondit Mme Marcel ; plus tard, lorsque la raison te permettra d'apprécier les grandes faveurs que le bon Dieu accorde aux âmes qui souffrent beaucoup sur la terre, et qui puisent dans des entretiens célestes toute leur consolation, il te sera sans doute donné, comme à moi, de voir les lieux qu'ils habitent. En attendant, recueille avec moi, mon enfant, les derniers soupirs de ton père ! Ah ! je veux essayer encore d'humecter ses lè-

vres avec l'élixir qui l'a fortifié si longtemps !...
il semble se ranimer un peu !...

O mon fils ! regarde-nous encore une fois ! du monde des esprits, fais un effort ! Nous avons besoin de ce regard comme un tendre souvenir, je le demande surtout pour ta fille chérie !... Oh ! sois sans crainte, nous serons fortes et résignées !

Et la mère et l'enfant penchées sur le visage du mourant le comblaient de baisers, et le jeune cœur de Léonie se déployait sous le coup de cette nouvelle épreuve ; elle ne voulut pas quitter son père, car elle comprenait les courts moments qui lui étaient donnés de jouir de sa présence.

Enfin, au milieu de la nuit, les yeux de Ludovic s'ouvrirent un instant, et ses regards se fixèrent tour à tour sur sa mère et sur sa fille. Malgré toute son énergie, Mme Marcel sentit des larmes humecter ses paupières, mais elles ne tombèrent pas. La pauvre mère avait enfin ce regard tant désiré ; elle l'imprimait en silence dans sa pensée et dans son cœur, puis se penchant vers son fils : « Au revoir ! lui dit-elle doucement. »

Un faible mouvement agita les lèvres de Ludovic : « Je te bénis, ma fille ! » dit-il. Et d'une voix plus basse encore : « Nous t'attendons, ma mère. » Et ce fut tout !......

Mme Marcel épiait les derniers signes de vie sur le visage de son fils ; elle avait promis d'être forte au moment de l'épreuve, et elle cherchait dans les bienfaits de la prière les secours dont elle avait tant besoin.

Elle posa la main sur le front encore tiède de Ludovic.

« Mon Dieu, dit-elle, voici donc enfin le moment si redoutable pour le cœur d'une mère ! c'est la plus pénible douleur qu'elle puisse subir ici-bas ! Mais avant de frapper si rudement mon cœur, tu as montré à mon âme le monde immortel !

» Il y a quelques heures que j'étais encore près de l'esprit de mon bien-aimé fils ; nous regardions venir la mort avec ravissement, et je l'ai laissé pour venir entourer son corps des devoirs que la mort impose ! Mais je sais aussi que dans un instant je pourrai le voir dans la joie, entouré de tous ceux que nous aimons, et qui, comme lui, nous ont quittées !

» Il m'a dit, en expirant : « Mère ! nous t'attendons. » Oh ! pendant le silence de cette triste nuit, tandis que ma fille repose du doux sommeil de l'enfance, permets, ô mon Dieu ! que j'aille à mon pieux rendez-vous. »

Puis la malheureuse mère suspendit sa prière ; son regard erra quelques instants sur ce qui l'entourait. Tout était silencieux dans cette triste demeure ; l'on n'entendait que la respiration régulière de l'enfant endormie. Une pâle lumière éclairait le visage de Ludovic ; le voile de la mort couvrait ses yeux..., sa mère les lui ferma d'une main tremblante, et pendant que ses membres possédaient encore quelques souplesse elle lui rendit les derniers soins...

Triste tableau de la vie, et dont chaque mortel a sans doute une copie fidèle dans ses souvenirs !...

Après ce devoir accompli, Mme Marcel tomba accablée dans un fauteuil ; elle prit dans ses mains celles de son fils et se laissa aller à son sommeil extatique.

CHAPITRE XLI

Un moment de bonheur

Maintenant, comment dépeindre aux mortels la joie ineffable qu'éprouva cette pauvre mère lorsqu'elle se sentit élevée dans les sphères célestes et entourée de tous ceux qu'elle aimait ?

L'admiration a besoin du silence ! Tout ce qui ravit l'âme a une voix pleine d'harmonie qu'il ne faut pas troubler !

Les délices que les êtres immortels éprouvent ne peuvent être comprises par les hommes ; la plume qui essayerait de les traduire tomberait de la main assez téméraire pour entreprendre cette tâche ; l'extase seule est capable de conduire un mortel au degré d'un tel bonheur, mais lorsque l'âme reprend ses sens, elle s'incline sous le poids de la chair, et, au milieu de son trouble, elle ne peut que prononcer ces mots : « Que c'est beau ! Que l'Eternel est grand dans ses œuvres !... »

Pendant que le nuage qui les entraînait flottait dans un espace sans limite, ces esprits confondaient dans un même sentiment d'amour et de bonheur les plus doux épanchements de leurs âmes ravies. Ils ne songeaient plus aux deux haltes qui devaient interrompre leur course ; mais l'ange qui le guidait imprima au nuage un mouvement qui le fit descendre dans la direction de la terre.

Il l'arrêta sur les bords d'un vaste monde flottant, peuplé d'une quantité d'esprits. C'est là que l'époux de Mme Marcel devait habiter pour s'instruire avant de revenir sur la terre accomplir la réparation de ses fautes.

Cette séparation ne causa pas de tristesse, elle n'était que momentanée. S'il n'était pas permis à cet esprit encore en expiation de suivre ses enfants dans des sphères plus élevées que celle qu'il allait habiter, il ne devait pas pour cela être privé de leur présence, et ils lui promirent de venir chaque jour le visiter en lui apportant de précieux encouragements et de solides espérances pour l'avenir.

Après des adieux pleins de promesses, le nuage descendit enfin sur la terre et l'esprit de de Mme Marcel fut déposé sur les limites du monde matériel, près de la pierre où pour la première fois elle avait vu son fils en esprit. L'esprit terrien reçut de ses enfants les plus tendres caresses, et ce couple gracieux recommença son ascension.

En voyant fuir le nuage, Mme Marcel subit encore un sentiment de tristesse indéfinissable. Seule, à l'entrée de ces deux routes, l'une qui conduisait dans les demeures célestes, l'autre sur la terre où l'attendait encore tant de douleurs!... Elle s'appuya contre la même pierre, et de là, elle contempla s'éloigner le nuage qui la séparait de tout ce qu'elle aimait.

Bientôt, de ces hauteurs, il paraissait comme une brillante étoile, et jusqu'au moment où il disparut à ses yeux elle sonda les profondeurs de l'espace pour le suivre toujours.

Avant de reprendre son corps, l'esprit de Mme Marcel resta un instant pensif et accablé par de pénibles émotions.

— Oh! roc inébranlable! dit-il en fixant le rocher, tu vois mes langueurs après avoir vu celle de mon fils, tu es bien placé sur les limites des deux mondes, car là encore, contre ce bloc de granit, peuvent venir se briser bien des espérances !.....

Mon Dieu ! pourrai-je venir encore en ces lieux, et y reverrai-je ceux que je viens de quitter ?...

Le bonheur comme le malheur rend parfois défiant, et je suis maintenant sous l'impression de ces deux alternatives. D'un côté, je vois la mort, l'isolement, et, de l'autre, les joies les plus pures et les plus précieuses que l'on puisse goûter ici-bas ! O mon Dieu ! aie pitié de mes faiblesses et donne-moi la force de reprendre mes sens !

Oh ! qu'elle est profonde la coupe de fiel qui abreuve l'humanité ! je ressens en ce moment quelque chose des angoisses que le Christ a endurées à la grotte de Gethsémani ; comme lui, je vois la terre où j'ai encore tant à souffrir ! et cependant je suis là dans un monde à l'abri des épreuves que je redoute. Boirai-je jusqu'à la lie dans ce calice qui m'est présenté, ou dois-je rompre les liens terrestres en laissant mon corps sans vie à côté de celui de mon fils ?...

O mon Père ! envoie-moi un ange pour me soutenir !

Et cette âme abimée de douleur resta anéantie au pied du roc ; mais elle fut bientôt relevée de son abattement par une voix céleste qui répondit à son appel.

« Viens avec moi, lui disait-elle ; je te montrerai le chemin du devoir, ne te laisse pas envahir par le découragement si tu veux conserver le don que tu possèdes. »

Et ce pauvre esprit défaillant se ranima en entendant les douces paroles de l'ange dans lequel Mme Marcel reconnut le guide de son fils.

— O toi ! lui dit-elle, toi qui as entendu ma plainte amère, conduis-moi où je dois aller, je ne m'en sens plus la force !...

— Mère affligée, lui répondit l'ange, je dois veiller sur toi et te soutenir, car j'ai contribué à rendre tes angoisses bien cruelles ; c'est moi qui devais animer le corps du dernier enfant que Marie a mis au monde en mourant ; j'ai servi d'instrument à l'accomplissement de vos destinées ; c'est moi qui ai attendu ma mère aux portes de l'Eternité ; plus tard, j'ai servi de guide à mon père pendant le cours de cette vie factice que ton amour maternel entretenait, et maintenant, je veux être aussi le tien !...

— Oh ! merci, mon enfant chéri ; toi que j'ai reçu dans mes bras au moment où tu perdais la vie !... Pauvres mères qui pleurez des anges envolés qui n'ont pas eu le temps de presser votre sein, réjouissez-vous plutôt, car leur état d'avanvancement spirituel était trop grand pour habiter la terre et animer un pauvre corps que leurs célestes aspirations aurait fait éclater. Mais les liens de la chair qui vous ont unis un instant ne sont pas complétement détruits, ces chers êtres restent pour vous dans le monde des esprits, des guides fidèles qui vous, protégent et vous aiment. Oh ! merci, mon guide ! Tu me fortifies avec ta force, et je sens que je vais sans crainte occuper le poste pénible qui m'est assigné.

CHAPITRE XLII

Un dernier devoir

C'était par une belle matinée de printemps ; le soleil sortait de l'horizon et se plongeait radieux dans un ciel sans nuage. Tout souriait dans la nature, les fleurs répandaient un doux parfum et les oiseaux remplissaient l'air de leurs joyeuses trilles ; tout respirait la vie, l'abondance et le bonheur.

Vous tous qui participez à cette belle fête de la nature qui verse tant de baume dans les cœurs, prêtez aussi votre concours pour adoucir une douleur bien cuisante !

Fleurs ! laissez-vous cueillir par la faible main

de cette enfant qui vient d'un regard suppliant vous demander de venir orner le cercueil de son père. Elle prend au hasard l'humble fleur des champs comme la branche de l'aubépine, comme les fraîches roses d'un parterre ; elle voudrait pouvoir emporter dans vos suaves parfums toutes les gouttelettes de rosée qui perlent vos pétales humides. Laissez-vous donner la mort pour la recouvrir !...

Et vous, oiseaux des champs, quittez vos bosquets ombragés et vos haies fleuries, et venez là-bas sur le toit de cette pauvre chaumière pour y faire entendre votre concert le plus joyeux. Bientôt sortira de ce paisible asile un simple cortége qui doit conduire le cor juste à sa dernière demeure.

Tandis que son esprit plane dans des flots de vie et de bonheur, il ne faut pas que la tristesse entoure ses restes mortels, et que dans la terre qui les renferme soient consignés l'espoir et l'amour. Cet esprit a parlé, et il a fait entendre des hauteurs qu'il habite une hymne d'espérance et un chant de liberté !

« Suis donc, mère affligée, le convoi de ton fils ! Ne verse pas des larmes comme cette jeune enfant et comme les nombreux amis qui t'accompagnent ; eux ne connaissent de la mort que le vide effrayant qu'elle laisse derrière elle ; mais toi ! reporte ta pensée aux doux moments où vous vous éleviez souriants vers les célestes demeures ! Ton âme grandit sous l'impression de ce souvenir qui alimente ta confiance et ta foi, et cependant, ton cœur tressaille sur les bords de la tombe !...

» Allons ! maintenant que la terre a recueilli ces restes tant aimés, reprends avec courage le chemin de ta demeure ! Tout parle de l'être qui n'est plus !... mais laisse ici ces tristes souvenirs ; la mort a réclamé de toi son tribut sur la terre : la douleur, et tu l'as payé largement.

» Recueille-toi pendant le silence de la nuit, et va dans le séjour de la lumière où les ténèbres ne doivent pas pénétrer. Déjà près de la pierre, tous tes amis t'attendent !.... . . . . .
. . . . »

Et, comme la veille, le nuage s'éleva lentement dans les airs ; une pensée mutuelle de charité et d'amour le dirigeait vers le monde qu'habitait un époux, un père ! Quelle joie pour lui de les revoir et de pouvoir échanger tout ce que ces âmes éprouvaient de bonheur avec ce que la sienne ressentait de reconnaissance et d'espoir !

Quoique ce monde ne soit pas un lieu d'expiation, les esprits auxquels cette planète est assignée ne possèdent pas toute leur liberté, et ils sont soumis comme ils l'ont demandé eux-mêmes à des épreuves propres à les faire progresser. On peut se représenter ce monde comme une vaste propriété dont chaque habitant a une portion de terrain à cultiver. Vous n'y verrez point de places complétement arides ; chacun travaille selon sa force et le degré de son intelligence ; les esprits que le repentir n'a pas encore touchés en sont exclus, car ceux qui peuplent ce globe ont besoin d'être fortifiés et encouragés dans leurs œuvres.

— Voici l'endroit que j'habite, dit l'époux de Mme Marcel à ses bien-aimés visiteurs ; ici, nous travaillons en commun afin que notre tâche soit terminée promptement. Nous avons devant les yeux toutes nos faiblesses passées et les fantômes animés des passions qui nous ont poussés dans l'abîme. Triste peinture, hélas ! Mon front aurait rougi de les mettre à découvert lorsque j'habitais au milieu de vous ; mais maintenant, je ne crains pas de mettre ma conscience à nu ; mes imperfections ne feront qu'accroître l'amour et le dévouement que vous me témoignez.

Voyez mes faiblesses, mon hypocrisie et l'orgueil que je cachais si adroitement sous les replis d'un cœur simple et naïf, où le mensonge avait un si facile accès pour atténuer les fautes dont chaque jour je me rendais coupable.

Voyez aussi le travail qui m'est donné : un champ de ronces et d'épines à préparer à la semence. Nous devons par nos mutuels efforts de volonté et de bienveillance, faire disparaître un à un de notre conscience les vices qui la rongent en nous excitant charitablement au progrès spirituel ; nous formons pour ainsi dire une société d'amis francs et dévoués.

Il n'y a point parmi nous d'esprits malveillants ; nous savons que tous nous sommes coupables, puisque toutes les mauvaises actions de notre dernière existence sont mises au grand jour, moyen infaillible de devenir humbles et charitables.

Combien mon sort est préférable aux angoisses horribles que mon âme endurait lorsqu'elle était égarée par le trouble des remords ! je n'avais alors aucune lueur d'espérance qui me montrât le terme de mes maux.

Combien nous apprécions aussi le bonheur d'être visités par des esprits qui nous aiment ; leurs pensées, leurs prières unies à celles qui nous viennent de la terre activent le moment de notre liberté. Nous en profiterons pour nous instruire toujours davantage, et pour donner à notre tour des consolations à ceux qui souffrent, car on se sent mieux l'esprit porté à la bienveillance et à l'amour lorsque l'on a souffert soi-même.

— Oh! qu'il me tarde, dit sa fidèle compagne, qu'il me tarde d'être libre aussi! combien le monde que tu habites est à envier auprès de la terre où l'on a tant à lutter; mais Dieu a vu les dangers auxquels les mortels sont exposés; il a mis dans leurs cœurs un rayon de foi, d'espérance et d'amour pour leur aider à combattre et à vaincre.

CHAPITRE XLIII

Une mission sur la terre

Le moment accordé à l'émancipation de l'âme est court ! Le nuage fluidique recommença son ascension, et l'heureuse mère put contempler un séjour enchanté formé par le désir et la volonté de ses enfants. Ils devaient bientôt se mêler aux esprits missionnaires, et travailler à l'avancement des globes et de leurs habitants.

— O mère bien-aimée ! dit Marie, tu regardes d'ici le globe terrestre avec une profonde tristesse, tu ne peux même jouir de ton bonheur, car tu en prévois trop tôt le terme. Attends pour te livrer pleinement à ta joie de posséder la liberté !

Tu as compris par les épreuves que ton fils a dû subir, combien il faut de temps pour conquérir l'héritage du bonheur spirituel, eh bien ! toi aussi, chère mère, tu touches à la fin de tes incarnations ; mais pendant le temps que tu as encore à habiter la terre, si tu veux y trouver quelques joies, si tu veux que le sourire vienne encore quelquefois errer sur tes lèvres, soulage ceux qui souffrent, va de chaumière en chaumière porter des paroles de paix et de vérité, et lorsque tu seras auprès des malades, si tu as la foi et la volonté, il te sera donné de calmer leurs souffrances.

— O ma mère ! dit Ludovic, nous avons pardonné les injustices dont nous fûmes victimes ; nous avons, par-là, hâté la délivrance de celui qui gémissait de ses faiblesses. Combien de mortels au lieu de pardonner aiment à nourrir dans leurs cœurs des pensées de haine et de vengeance ! Ah ! à ceux-ci, dis-leur bien que leurs sentiments sont comme des charbons ardents qui les consumeront à leur tour, lorsqu'à la mort ils auront pour juges leurs pensées et leurs œuvres.

Maintenant, va, mère chérie, près de notre enfant, elle sera la joie et le soutien de ta vieillesse, et devant elle, comme devant tous, tu parleras sans crainte des merveilles que ta vue spirituelle pourrait entrevoir ; ils s'instruiront de cette doctrine que le Christ lui-même a enseignée lorsqu'il était sur la terre et qui est basée sur ces deux beaux principes : ESPÉRANCE ET PARDON.

FIN

TABLE DES MATIÈRES

Chapitres	Pages
I Ludovic Marcel	9
II Ludovic chez sa mère	12
III Les angoisses d'une mère . .	16
IV Mme Marcel dans les Landes. .	21
V Une vie factice. — Description du monde des esprits . . .	25
VI Questions naïves d'une enfant. — Ludovic décrit la substance des esprits	33
VII Moyen de communication des esprits avec les mortels. — Leur dévouement. — Nature	

Chapitres	Pages
des sphères qu'ils habitent. — Paroles d'espérance. — Le temps marche à grands pas	40
VIII Confidence de Mme Marcel	49
IX Ludovic entretient sa mère de la réincarnation. — Nous sommes les enfants de nos œuvres	57
X Entretien de Ludovic avec un esprit	60
XI Ludovic à la recherche de ses incarnations. — Ses tortures morales lorsqu'il découvre sa première existence. — Pendant un demi-siècle après sa mort. — Peinture des remords. — Instruction de son guide	64
XII Ludovic découvre une seconde existence. — Le laboureur. — Réminiscence inconsciente de la vie militaire. — Impuissance causée par la position sociale. — Le laboureur dans le monde des esprits	72

Chapitres	Pages
XIII Une troisième existence. — Les dangers de la beauté. — Une fille perdue. — La sécheresse du cœur. — La folle. — Ses visions. — L'expiation	80
XIV Quatrième existence. — La petite mendiante. — Ses souffrances et ses difformités. — Son séjour à l'hospice. — La misère a des attraits. — La vieille fille. — Sa mort. — Une rencontre dans le monde des esprits	87
XV Cinquième existence. — Le jeune prêtre. — Ses luttes intérieures. — Sa mort. — Retour dans le monde des esprits	94
XVI Le Temps et l'Eternité. — Allégorie	107
XVII Les auteurs dans le monde des esprits	113
XVIII Isaac et Ismaël. — Allégorie	118
XIX Une grande revue	123

Chapitres	Pages
XX L'influence doit toujours être pure. — Pur... tion de ceux qui en ont abusé	127
XXI Bagnes spirituels	133
XXII Le bon jardinier. — Allégorie	138
XXIII Encore des mondes d'expiation.	142
XXIV Un phénomène psychologique.— Le conscrit et le capitaine. — Allégorie	152
XXV De la mission des esprits dans les mondes inférieurs . . .	162
XXVI Dans le pays des songes . . .	171
XXVII Spiritisme et magnétisme. . .	178
XXVIII Les quatre fontaines	187
XXIX Les fléaux de l'humanité . . .	192
XXX Un point noir dans l'avenir . .	196
XXXI Communication des esprits avec les mortels.	209
XXXII Une page de l'Evangile . . .	215
XXXIII Les fruits de la charité . . .	222
XXXIV Le supplice des suicidés . . .	227
XXXV Mme Marcel dans le monde des esprits	233
XXXVI Mme Marcel dans le monde des esprits. (Suite)	242

Chapitres		Pages
XXXVII	Esprit et matière	257
XXXVIII	La mission de la religion	262
XXXIX	Une douce espérance	268
XL	Mort de Ludovic	274
XLI	Un moment de bonheur	279
XLII	Un dernier devoir	285
XLIII	Une mission sur la terre	291
	Errata	301

ERRATA

Pages
90 Lisez : affection, au lieu d'*affection*.
160 Lisez : effluves, au lieu d'*affluves*.
44 Lisez : expérience, au lieu d'*espérance*.
190 Lisez : Prévoyance et charité, au lieu de *prévoyant ces charités*.
255 Lisez : le profaner, au lieu de *les profaner*.

OUVRAGES FONDAMENTAUX SUR LA DOCTRINE SPIRITE

par

ALLAN KARDECK

Rue de Lille, n° 7, Paris

LE LIVRE DES ESPRITS (Partie philosophique), contenant les principes de la doctrine spirite ; 16e édition. 1 vol. in-12. . . . . 3 fr. 50

LE LIVRE DES MÉDIUMS (Partie expérimentale). Guide des médiums et des évocateurs, contenant la théorie de tous les genres de manifestations. 1 vol. in-12, 11e édition . . . . 3 fr. 50

L'ÉVANGILE SELON LE SPIRITISME (Partie morale), contenant l'explication des maximes morales du Christ, leur application et leur concordance avec le Spiritisme. 1 vol. in-12, 4e édition. . . . . 3 fr. 50

LE CIEL ET L'ENFER, *ou la justice divine selon le Spiritisme*, contenant de nombreux exemples sur la situation des Esprits dans le monde spirituel et sur la terre. 1 vol. in-12, 3e édit. . . . . 3 fr. 50

LA GENÈSE, LES MIRACLES ET LES PRÉDICTIONS *selon le Spiritisme.* 1 vol. in-12, 5e édition. . . . . . 3 fr. 50

ABRÉGÉS

QU'EST-CE QUE LE SPIRITISME ? Introduction à la connaissance du monde invisible ou des Esprits. 1 vol. in-12, 6e édition, 1 fr.; par la poste . . . . 1 fr. 20

LE SPIRITISME A SA PLUS SIMPLE EXPRESSION, exposé sommaire de l'enseignement des Esprits et de leurs manifestations. Brochure in-18 de 36 pages, 15 c.; vingt exemplaires . . . . 2 fr. »
Par la poste . . . . 2 fr. 60

RÉSUMÉ DE LA LOI DES PHÉNOMÈNES SPIRITES. Brochure in-18 . . . . 10 cent.
Par la poste . . . . 15 cent.

CARACTÈRES DE LA RÉVÉLATION SPIRITE. Brochure in-18. . . . . » fr. 15
Vingt exemplaires . . . . 2 fr. »
Par la poste . . . . 2 fr. 60
VOYAGE SPIRITE EN 1862. Brochure in-8º. . . 1 fr. »

OUVRAGES DE CAMILLE FLAMMARION

DIEU DANS LA NATURE . . . . 4 fr. »
LA PLURALITÉ DES MONDES HABITÉS . . . 3 fr. 50
LUMEN. . . . . 3 fr. 50

On trouve dans cette librairie tous les ouvrages du même auteur.

LE PETIT DICTIONNAIRE DE MORALE, par Mme Méline-Contanceau, rue de Lille, Paris. . . . . 2 fr. 50

LA FRATERNITÉ *spirite et littéraire*, journal paraissant tous les samedis. Envoyer un mandat à Mr Malvezin, rédacteur, rue Molière, 35, Paris. Abonnement, par an. 6 fr.

LE SONNETTISTE, paraissant tous les quinze jours. Envoyer un mandat à Mr Victor Pujo, directeur de la *Revue littéraire*, à Tarbes (Hautes-Pyrénées). Abonnement, par an . . . . 9 fr.

LE CÉLIBAT DES PRÊTRES ET SES CONSÉQUENCES,
par Mr l'abbé Chavard, curé de Genève . . . . 5 fr.
Cet ouvrage est en vente à Genève, chez les principaux libraires. — A Paris, chez MM. Sandoz et Fischbacher, rue de Seine, 33. — A Marseille, chez Mr Fraissinet, armateur, place de la Bourse, 6.

LES SOUVENIRS D'UN MISSIONNAIRE, par M. l'abbé
Marchal, curé de Carouge . . . . 3 fr. 50
En vente, à Genève, chez MM. Vérésoff et Cie. — A Paris, à la librairie spirite.

www.ingramcontent.com/pod-product-compliance
Lightning Source LLC
Chambersburg PA
CBHW071530160426
43196CB00010B/1730